湛庐CHEERS

与最聪明的人共同进化

HERE COMES EVERYBODY

魏斯曼的演讲大师课

WINNING STRATEGIES FOR POWER PRESENTATIONS

臻于完美的演讲

3

DELIVERS LESSONS FROM THE WORLD'S BEST PRESENTERS

[美]
杰瑞·魏斯曼
JERRY WEISSMAN
著

冯颙 安超
译

四川人民出版社

经常有人在微博上问起关于演讲的问题，每每回答，我都会说：“建议去看看我的演讲老师杰瑞·魏斯曼的书吧！”魏斯曼先生是我个人非常尊敬的演讲教练。无论你是身负IPO路演重任的公司管理者、频繁出席商业活动的商业人士、经常遇到危急时刻的政治家、销售员或明星，还是害怕演讲又关心演讲的普通人，都将从这套书中获得不一样的视角和经验。魏斯曼通过实践告诉所有人：强大的演讲与沟通技能并非天生的，而是可以后天塑造的。

李开复

创新工场董事长兼 CEO

沟通能力对一个企业家的成功起着决定性的作用，而演讲也是每个企业领导者领导力的重要表现。美国排名第一的演讲大师杰瑞·魏斯曼的这本书以其丰富的演讲教练经验向世人全面展现了他的思想精华所在。对于每个想提升自己演讲或公众沟通技巧的人来说，这本书都是必读书。它会为你的事业打开新的局面，帮你克服演讲的恐惧和思维局限，这将是你读过的最好的演讲指导书。

林强

Wacom中国总裁兼 CEO

高管团队的演讲在IPO路演推介过程中承担着非常重要的角色。在30分钟内，如何呈现一家新公司的投资亮点，让充满疑虑的投资者记住你、信任你，并转化为购买行为，是CEO们面临的重大挑战，也是“字字千金”的直接体现。杰瑞·魏斯曼在本书中总结了若干清晰而有效的指导，也最好地总结了我们的实践经验。

唐坤

资深财经传播专家

作为全球最大的公众演讲训练组织的资深成员，我周边的很多朋友都通过演讲训练得到了职业发展的极大提升。很多人都问我类似的问题，怎样才能更快、更全面地领悟和掌握演讲的精髓。关于演讲的书籍汗牛充栋，但是像杰瑞·魏斯曼的这本新书如此直接、实用而且具有高度的却很少见。他不愧为全美排名第一的演讲教练！

程龙

Toastmasters国际演讲会D85区教育培训总监，
畅销书《演讲达人成长记》作者

在个人沟通能力的指导方面，杰瑞·魏斯曼是世界上最好的导师。我与他相识、共事多年，我认为《魏斯曼的演讲大师课3：臻于完美的演讲》是他众多著作中最好的一部。如果你致力于成为一名有感染力的演讲者，它将是你的必读书。你会从中收获巨大的价值。

迪克森·多尔

戴盛资本（DCM）联合创始人，
美国国家风险投资协会前主席

杰瑞拥有一种魔力，他能够将一名单调、乏味的演讲者变得让人神魂颠倒、万众瞩目、魅力无穷。经他指导过的演讲对于听众来说就像是一罐红牛一样提神。杰瑞的这本书语言精练且富有感染力，对于任何一个需要做演讲或者演示的人来说都会有极大的帮助。

道格·利昂

红杉资本合伙人

杰瑞的这本新书又是一个杰作！很高兴能够从掌握了演讲艺术的人身上获得启迪。这本书里的观点会吸引我在以后的几年里反复翻看。多谢杰瑞让我们有了另一番精彩绝伦的体验。

贝瑟尼·迈耶

惠普前高级副总裁

魏斯曼的又一杰作！不管读者是狼吞虎咽地将整本书从头读到尾，还是细嚼慢咽地细细品味一个个片段，这本书所产生的影响都是一样的：帮助读者做出更好的商业演讲。这些策略能够让你的演讲能力立即得到提升。

J.D.施拉姆

斯坦福商学院全球领导力项目主管课程主任

地球上没有不能提高自己演讲技巧的人，包括企业高管、销售人员、银行家、政治家和宗教领袖。但是前提是你要找对老师，对于那些想要学习如何更好地传递自己观点的人，杰瑞·魏斯曼就是你要找的大师。

亚当·拉辛斯基

《财富》杂志资深撰稿人，《苹果内幕》作者

商业演讲三部曲

我曾有幸到访中国，感觉与这里的文化和人民有着某种特殊的联系。随着全球化的推进和环太平洋地区各国联系的加强，我在美国硅谷（SUASIVE公司所在地）也见过很多到访这里或居住于此的中国人。我们的交流多发生在SUASIVE公司的培训课上、研讨会上以及单独指导的时候。由于这些培训指导强度很高，需要密切合作，我得以深刻体会中国人擅长学习的美誉的确名副其实。所以，我十分高兴这三本介绍演讲技巧的书能够译成中文出版。

这三本书分别是：

- 《魏斯曼的演讲大师课1：说的艺术》（*Presenting to Win: The Art of Telling Your Story*）
- 《魏斯曼的演讲大师课2：答的艺术》（*In the Line of Fire: How to Handle Tough*

Questions—When It Counts?）

- 《魏斯曼的演讲大师课3：臻于完美的演讲》

  （*Winning Strategies for Power Presentations:Jerry Weissman Delivers Lessons from the World's Best Presenters*）

最初写作时，我并没有想过把这三本书写成一个合集，它们是彼此独立的。这样，我就能够针对演讲的每一个基本要素为读者提供一个详细的方法。

这些基本要素包括：

- 怎样组织清晰严谨的内容；
- 怎样设计简洁明了的幻灯片；
- 怎样说话充满信心、不失威信；
- 怎样应对挑战性问题；
- 怎样将上述要素糅合成一场完美的演讲。

演讲就像链条一样，最弱的一环决定了整体的强度：

- 如果演讲内容清晰严谨，很有说服力，但是PPT有致命伤，演讲就失败了。
- 如果演讲内容清晰严谨，很有说服力，PPT也是遵循寓繁于简的原则设计的，但是演讲者站在听众面前时却突然不知所措，就像在车前战战兢兢的小鹿一般，演讲就失败了。
- 如果演讲内容清晰严谨，很有说服力，PPT也是遵循寓繁于简的原则设计的，演讲者站在听众面前陈述时带着罗纳德·里根那样的自如，但是在面对听众的一个尖锐问题时却畏首畏尾，演讲就失败了。

这三本书为解决以上每一个基本问题都提供了方法。这些方法源自我的演讲培训课程，培训课程又发展自我之前在电视制作行业工作的经历：我曾在哥伦比亚广播公司（CBS）纽约电视台担任过公共事务和新闻节目制片人、导演，达10年之久。

那段时间我的主要工作就是每天审阅几个小时的新拍视频和视频档案，再安排几个小时的访谈，浏览一堆又一堆的报告，然后把所有这些信息压缩成一档清晰严谨、具备说服力的时长28分40秒的节目。

在CBS，我们还有价值几百万美元的控制室，里面有尖端的图表制作设备：从低端的字幕机到高端的色键应有尽有，但我们只用这些复杂的设备制作符合寓繁于简原则的图片。

我的另一部分工作就是邀请商界、政界、学界和卫生、科学领域的人士走进演播室，他们之前都没有任何演播经验。我要帮助他们在摄像机前，在这种压力环境中感到自在，看起来轻松。这么多年来，我发现最紧张的就是那些要站起来发表重要演讲的商务人士。

一旦请来的嘉宾感到自在了，我又会问一些尖锐的问题让他们变得不安起来。

所有这些问题和我在CBS用到的其他技巧，为我发展出完整而全面的演讲技巧和方法打下了良好的基础。

大约25年前，我把这套方法带到了商界。自那以后，它经历了超过500场IPO路演的实战检验，涉及的公司包括思科、雅虎、杜比实验室、eBay和Groupon。我还用相同的方法帮助其他500家公司，包括英特尔、微软、惠普等准备了常规场合下的演讲，比如和经理人召开的内部会议、面向消费者的产品发布会、面向合伙人的谈判会议、面向同行的贸易展以及网络上的虚拟演讲。

同样的方法也可以帮助你准备任何一场演讲，这三本书涵盖了打造成功演讲的关键实践方法。

但是，只是看一些介绍演讲技巧和方法的书很难让你成为更好的演讲者，就像只是看网球方面的书很难提高你的反手击球能力一样。你必须去实践，在实践中应用这些理论。这三本书中有很多应用这些方法时需要用到的工具和练习，还有很多商业演讲的案例分析和对美国政界公共演讲、辩论的分析。由于我的主要业务范围和居所都在美国，所以绝大部分案例来自美国。这一点我希望能够得到中国读者的理解，但我同样希望你们能够理解这些案例所体现出来的关于演讲的沟通因素是跨越国界的，是具有普遍性的。

这也是我想要传递给你们的主要信息：**演讲是人类所有交流形式的延伸，而不是只有少数人才能使用的公共演说方式，演讲并没有什么神秘之处。**演讲和会议、交谈、面试以及其他一切人际交流的目标和动力一致，都是为了在不同的个人或团体之间传情达意，确保彼此双向互动，沟通顺畅。正是在此基础上，我写了这三本书。

为了进一步展示演讲应用场合的普遍性，我邀请读者登录www.powerltd.com网站，阅读我的博客。在博客文章中，我写到了演讲的各个要素是如何与广告、时事、科学、艺术、音乐、文学、影院、剧院甚至是体育运动联系的，又是如何影响这些领域的。

作为一种普遍、自然的说话方式，演讲就是为了应对在公众面前说话的挑战，因为那常常会让很多人心生畏惧。多年前，《泰晤士报》曾经做过一项问卷调查，调查人们最惧怕的东西是什么，而名列榜首的就是在众人面前讲话，害怕它的人多于恐高的人。美国著名作家马克·吐温曾经写道：“世上有两种演讲者：紧张的和故作镇定的。”

在全球化的世界中，演讲给人带来的挑战更加严峻，因为演讲者经常不得不用外语演讲。我在硅谷的很多中国客户都能把英语都说得很流利，但英语毕竟不是他们的母语，因此他们演讲时面对的困难更多。不管是说母语还是外语，挑战始终存在。这三本书中提供的工具和技巧会帮助你应对这些挑战，帮助你走向成功。

我真心希望它们能对你的工作、事业有所助益！

杰瑞·魏斯曼

扫码下载“湛庐阅读”App，
搜索“魏斯曼的演讲大师课”，
测一测你对如何打造引人入胜的演讲了解多少。

目　录

引言

一切顺乎自然的东西都是美好的

> 日光之下，并无新事。
>
> 《圣经·旧约·传道书》第一章第九节

对于商人来说，演讲是一件非同寻常的事。

他们既不是演员也不是平面设计师，他们没有充裕的时间。而且最要命的是，当他们不得不进行一次至关重要的演讲时，还要承受来自各方面的压力。

因此，绝大多数商业演讲都蜕变为一幅乏味的场景：台上站的是一个紧张的演讲者，逐字逐句地念着一张又一张拼凑而成的幻灯片，台下坐着的则是一群备感无聊的听众。

作为一名演讲教练，我一直致力于结束这种恶性循环。我发现，演讲和其他沟通方式之间存在着一定的共性。演讲并不是个别出众的人在一个特殊环境中、承受巨大压力的情况下当众完成的特殊发言，演讲的目的和作用与开会、谈话、打电话、面试等其他人际沟通方式一样，也是在两个相互独立的个人或群体之间建立联系，以使他们能够互相交换意见，以达到共鸣。

此外，演讲与文学著作、影视作品、新闻传媒和政治活动等更加广泛意义上的沟通方式也有着相同的目的和作用。这些领域里的许多专家都已经公开分享了一些成功秘诀，这也使得我能够从他们的建议中挖掘出一套行之有效的方法，以便帮助我的学生们更好地完成演讲。在阅读本书的时候，你可以领教到各行各业众多领袖级人物在处理人际沟通方面的高明之处，包括马克·吐温、伍迪·艾伦、约翰尼·卡森、罗纳德·里根等名人。文中还特别提到了斯科特·亚当斯（Scott Adams），他通过成功塑造卡通形象呆伯特（Dilbert），讽刺了生意场上那些不尽如人意的沟通方式。

然而，成就最高的当属古罗马伟大的政治家和雄辩家马库斯·图留斯·西塞罗（Marcus Tullius Cicero）。他极具建设性的意见贯穿了本书的始末。他早在公元前55年说过的一番话，就表达出一种“顺应自然”的演讲之道：

> 我不止一次地提到过，演讲家的特殊才能就在于他能够用一种充满艺术美感、令人愉悦且印象深刻的方式进行自我表达，而且这种表达方式符合人性的思想与感知。[1]

除PPT演示之外，任何形式的演讲的基本要领都如出一辙。无论是追溯到西塞罗时代，还是更久远的古希腊亚里士多德时代，一直以来都是如此。看过中文版的这三本书，你就会明白我的这一观点。古代哲学家们确立的准则如今依然适用。我将这些准则的现代版运用于我在硅谷近25年的公开或私人辅导工作中，以及更早之前纽约WCBS电视台一档关于公共事务的节目中——当时，我作为制片人和导演在那档节目里工作了10年。

为了和大家分享这些准则，我以短小精悍的篇幅精心地把它们编撰成一个个辅导教程。这和之前我在写《演讲的艺术》（*Presentations in Action*）、在《福布斯》杂志上开设专栏以及在一个PPT专业网站indezine.com上发表教程时的思路如出一辙。

除了演讲技巧，本书还会教你如何应对大型演讲、专题研讨、产品演示、面试访问、有稿演讲等一些特殊的讲话场合，以及如何改进发声和措辞的质量。对于那些有幸到达事业顶峰的人，我还为你准备了我的看家本领——“IPO路演的十大技巧”。

我现在已经是思科、直觉软件公司[①]、雅虎、易趣、奈飞（Netflix）、杜比实验室等近600家企业的IPO路演特邀辅导师。对于每家公司我都运用同样的技巧，即使再有600家公司，我也一样会这样做。他们可以从中学到如何通过提高演讲水平来更好地募集资金、销售产品、寻求合作以及如何使内部项目得到批准，这进一步印证了这套方法的通用性。

所有这些应用成果的信息来源你都可以在网上搜索到，而且随着时间的推移，不同的地域、文化及媒介见证了这套方法的成功。你可以掌握并运用这些方法来使自己成为一名有实力的演讲者。

衷心祝愿你成功！

① 直觉软件公司（Intuit），美国知名理财软件公司。——编者注

WINNING STRATEGIES
FOR POWER
PRESENTATIONS

第一部分

让演讲引人入胜的秘密

第 1 章

怎样记住自己的演讲内容？

怎样记住演讲内容——这是一个会让每一位演讲者怦然心动、心驰神往的主题。演讲者们通常依赖各种各样的辅助工具来帮助他们记忆。这些辅助工具既包括低端的提词卡片，也包括高端的屏幕提词器。

乔舒亚·福尔（Joshua Foer）在其畅销书《与爱因斯坦月球漫步：美国记忆力冠军教你记忆一切》（*Moonwalking with Einstein:The Art and Science of Remembering Everything*）中提供了一种高效率、低成本的方法：视觉表象。这是一种将各种各样的题材与一系列的关联物相匹配的记忆法。然而，福尔先生的物理助记法不过是定位记忆法的一种最新演变。定位记忆法的名字来源于拉丁单词“places”（地方）一词，《华尔街日报》的一篇文章[1]中提到，这种记忆方法可以追溯到我们人类的穴居祖先，因为它帮助“人们循着做了标记的树木找到回家的路”。

古罗马的马库斯·图留斯·西塞罗曾使用过定位记忆法，他是古罗马著名的哲学家、雄辩家、政治家。当西塞罗和他那个时代的人在罗马广场发表长篇演讲时，他们没有提词卡——当时还没有发明纸张。所以，演讲者就用广场的大理石石柱作为记忆提示器。每一个石柱代表一个主题以及与它相关的内容。至今罗马广场遗址的导游们还会向游客描述这个典故：古代的演讲家在这里发表他们的演讲，他们从一个柱子大步走到另一个柱子，同时从一个演讲主题转换到另一个演讲主题。石柱被当作虚拟的提示物帮助演讲家记起一组相关的演讲内容。

多年以后，这种方法已经变成了广为流传的“罗马房间记忆法”。它用屋内的实物替代古罗马广场的露天石柱，并起到相同的作用。

受福尔这本书的启发，《纽约时报》的莫琳·多德（Maureen Dowd）又发现了其他两位作家有趣的助记法：

- 马克·吐温，他把演讲中每个主题的首字母写在指甲上。
- 英国的埃德·库克（Ed Cooke）是《记忆》（*Remember, Remember*）一书的作者，同时他也是“罗马房间记忆法”的忠实拥趸。他曾经说过：“如果你要记住多项内容，你可以将这些内容对应到你熟悉的环境中的物体上，并把它们连成一条通道。”[2]

库克先生是关注记忆方法的网站Memrise（多语种在线学习平台）[3]的联合创始人。他一直在研究记忆方法和演讲之间的关系。2008年他在伦敦《卫报》上发表的一篇文章中写道：

> 让我们少说点，比如你罗列了20个要点。首先，把这些要点按顺序写下来。然后，为每一个要点找到一张图片，让它们一一对应。例如，要记住英镑对美元的汇率受到重挫，你可以想象这样一张图片：美国总统布什正拿着一沓美钞抽

打英国首相戈登·布朗。如果你想记住90%的妇女在工作岗位中处于劣势，你可以想象一个90岁的老奶奶负重前行。接下来，将这些图片放入一个你熟悉的环境。比如，布什和布朗的图片放入浴室的洗脸池，老奶奶的图片挂在淋浴房，剩下的18张图片依次放在家里的日常活动区域。[4]

我的建议是，将库克的方法与西塞罗的方法结合起来。演讲者将他们的各种演讲内容浓缩成几个概念性的虚拟罗马石柱，也就是几个主题。然后在寓繁于简的原则指导下，把这些主题设计到几页幻灯片中。这样用一张设计过的幻灯片图像代替实物图片作为记忆提示器。

财务高管常常关注细节并且要做前瞻性的陈述，因此在准备演讲时他们经常会把演讲全文写在纸上或是PPT上，然后照本宣科或试图背诵下来。这一切都使得演讲者只关注演讲稿，而忽视了与听众的交流。

一家上市公司的首席财务官拿着他的演讲全文来参加我们的培训课程。我要求他将每句话缩减为4个关键词，然后以此作为演讲稿，他照做了并且很顺利。然后我又要求他将4个词缩减到1个词，并以此作为新的演讲稿，他又照做了而且很流畅。最后，我要求他脱稿演讲，他依旧流畅地完成了。于是，我们将4个关键词放回幻灯片中，并让他直接给听众们做演讲，结果，他讲得非常成功！

当然，你可以不用幻灯片，像著名作家马克·吐温一样在指甲上写下每个主题的首字母；也可以像前副总统候选人萨拉·佩林（Sarah Palin）一样，写在掌上电脑里；还可以依赖传统的提词卡片。但是在每次低头扫一眼的时候，你不仅失去了与观众沟通的机会，也显得自己根本就不知道要说什么，从而降低了你的可信度。

因此，还是将西塞罗的“罗马石柱记忆法”与幻灯片相结合吧。

TIPS

魏斯曼
完美演讲

将各种演讲内容浓缩成几个主题，然后在寓繁于简的原则指导下，把这些主题设计到几页幻灯片中，作为记忆提示器。

第2章
简单才是终极的复杂

阿曼达·福尔曼（Amanda Foreman）是一名历史学家，她创作了畅销书《德文郡公爵夫人乔治亚娜》（*Georgiana, Duchess of Devonshire*）。10年后，她又创作了《燃烧的世界——英国在美国南北战争中的关键作用》（*A World on Fire: Britain's Crucial Role in the American Civil War*）——她在《华尔街日报》的《单词工厂》栏目中披露了这本书的创作过程，其中的方法对演讲者也很有借鉴意义：

> 经过11年的潜心研究，我搜集了分布在4个地区的400多个人物形象……这些人物素材过于繁杂，使我在描写冲突爆发的第一天时就无从下手，更不用说讲述整整4年的内战了。[1]

当然，没有演讲者会花11年的时间去准备一个商业演示。但和福尔曼女士的工作类似，他们要面对各式各样的听众、讲述内容纷繁复杂的话题。不幸的是，大多数演讲者都习惯将所有内容一股脑儿地传递给听众，最后的结果就是大家觉得索然无味。

福尔曼女士在牛津大学主修历史学并取得了博士学位，与此同时她也是讲故事的好手。[2]顺便说一下，她讲故事的基因来自她的父亲卡尔·福尔曼（Carl Foreman）——他撰写了经典影片《桂河大桥》的剧本，并因此获得了奥斯卡奖。当福尔曼女士的研究工作即将完成时，她意识到即便是讲述像美国内战这样大型、复杂的题材，也不能让内容过于庞大。她的解决方案是：

> 我按时间顺序将400个人物进行排列，确认并决定哪些需要放弃。无论这个人物有着多么精彩的故事，只要他和书里其他任何人物都没有关联就会被舍弃掉。经过筛选，197个人物最终被确定保留下来。他们之间要么彼此直接认识，要么只隔着一层关系（任何两个不认识的人至少同时认识另外一个人）。①

福尔曼女士这番话印证了一个在职业作家中众所周知的法则：杀掉汝爱。事实上，亚特兰大的一个作家社团已经把这个词作为了他们的网站名。[3]通常，这个词语被认为出自诺贝尔文学奖获得者、小说家威廉·福克纳（William Faulkner）笔下。但实际上，在英国作家和评论家亚瑟·奎勒–库奇爵士（Arthur Quiller-Couch）1916年发表的《写作的艺术》（*On the Art of Writing*）一书中就已经提到过它：

> 如果你有一股创作佳作的冲动，那就先要做到全身心投入，然后在把你的手稿送到出版社之前删掉一些内容——“杀掉汝爱”吧。[4]

曾经有一部以一个70年经久不衰的连环漫画人物为原型的好莱坞动作影片，名为《美国队长》（*Captain America*），它的编剧克里斯托弗·马库斯（Christopher Markus）和斯蒂芬·麦克菲利

① 亚马逊网站上列出的福尔曼女士的书有1008页。可想而知，如果她不“杀掉”那203个人物的话，这个数字还会变得更大。

（Stephen McFeely），在《华尔街日报》的《单词工厂》栏目中的一篇文章中写道：

> 把任何一个现有的作品改编成电影剧本时，首先要做的就是去粗取精，不管它是长篇小说还是短篇故事，是犯罪纪实还是畅销70年的漫画书。如果改编意味着不可避免地删掉一些令人喜爱的人物，那就不要犹豫。道理很简单，我们不能在屏幕上展现所有东西。你所钟爱的一些人物形象必须被“干掉”。[5]

这句流行语之所以如此生动形象，是因为舞文弄墨的作家就像怀孕待产的母亲，视笔下的人物如自己的“孩子”，无法抑制对他们的眷爱，不愿看到“孩子”们身上的瑕疵，更不愿舍掉他们中间的任何人。同理，为自己的事业奔波劳累，朝思暮想着能够成功的演讲者们，何尝不想与听众分享他们所经历的所有细枝末节。但这些未必都是听众喜欢听的，因此演讲者们必须像作家们一样“干掉他们得意的部分创作”。

所有演讲，都是从组织“故事”元素开始的。这就像一个厨师着手一顿晚餐，都是从准备配料、调料和餐具开始的一样，但是，准备的每样东西不一定都派得上用场。当你准备好所有演讲素材的时候，评估一下它们与你的听众（而不是你自己）有无关系、重不重要。你的听众不可能像你那样了解你要演讲的话题，并且他们也不需要了解。如果他们想知道时间，那就直接告诉他们现在几点了，而不是教会他们如何去打造一个钟表。

你可以像做外科手术般那样，删除、丢弃、省略、剪切掉你不想要的内容，只留下听众需要了解的部分。记住，千万不要心慈手软。

修剪工作要一遍一遍地做。每次做完都要擦亮眼睛重新审视一番，然后选中目标再次下刀。斯特伦克（Strunk）和怀特（White）所著的经典名作《文体指要》（*The Elements of Style*）[6]里有这样的建议："反复阅读自己的文章，并毫不留情地删掉多余的部分，这是一个屡试不爽的好方法。"①

最受欢迎的恐怖小说家斯蒂芬·金（Stephen King）总结过类似的经验。在发表于2000年的一本名为《写作》（*On Writing*）的书中，他提到了编辑发给他的一条留言："你需要缩减一下文章的长度，公式是：二稿 = 初稿×（1-10%）。"[7]

在准备演讲素材的时候就要注意，而不是等到演讲的时候才着急；功课要在台下做而不是台上。"杀掉汝爱"，温柔点说就是"拿不准，就去掉"。

TIPS

魏斯曼
完美演讲

反复审视自己的内容，删除、丢弃、省略、剪切掉你不想要的内容，只留下听众需要了解的部分。记住，千万不要心慈手软。

① 这不禁让我想起乔布斯的那句名言，"简单才是终极的复杂"。好的演讲，恐怕也要如此。——译者注

第3章

一次演讲多长时间最合适？

> 我非常理解这位可敬的议员的发言意愿，他太需要这次机会了。
>
> ——温斯顿·丘吉尔[1]

现代听众耐心听讲的时间短得让所有演讲者头疼。《华尔街日报》的专栏作家贾森·盖伊（Jason Gay）对于这一现象的描写非常到位：

> 你马不停蹄地奔波忙碌着，甚至都挤不出时间来买杯咖啡：掏出钱，把它们码整齐，递给收银员，等着找零，这会足足花费9秒钟，而每一秒对你来说都是一种煎熬。天哪，你实在受不了啦，因此你选择了手机支付——轻轻一点，搞定。[2]

富兰克林·罗斯福以下面的忠告回答了本章标题提出的问题："保持端坐，内心真诚，言简意赅"。[3]

但上述忠告通常被人忽视，大多数演讲都没有做到言简意赅。罗斯福总统主要指的是控制好演讲的长度，而简洁对于处理演讲中的细节也十分重要。

小说《一见钟情》（*Beginner's Greek*）的作者詹姆士·柯林斯（James Collins）[4]在《纽约时报》书评栏目撰写了一篇名为《逃离的情节》（*The Plot Escapes Me*）的文章，文中谈到他对读书是多么热衷，但是每当读完一本书，他就会发现“回忆不起来书里的实际内容……只能想起某种氛围或者一两个散乱的画面”。他发现这种感觉并非他独有，他说：“大多数人都有过这样的经历：一个月前刚刚读过一本书，现在就记不得书名和作者了，甚至根本就不记得有这么一回事，更不要说书的内容了。”①

柯林斯对这种现象很好奇，他就这个问题专门和塔夫茨大学教授、阅读和语言研究中心主任玛丽安娜·沃尔夫（Maryanne Wolf）进行了探讨。沃尔夫教授认为这种现象确实存在，她说：“对瞬间经过大脑的事情的回忆不同于对经过系统学习而掌握的知识的回忆，我们无法重现其细节过程，但是可以试着去理解威廉·詹姆斯（William James）的一句话——记忆是有灵魂的。”

“准备一份文字材料”与“控制演讲时间”一样重要，而对于现场演讲来说，这一点尤为重要。文字材料（无论是书面的还是电子的）可供人们随时翻阅。但是，实时接收信息的听众可没有这个选项：一旦没有跟上节奏，他们要么会打断演讲者，要么会干脆不听

① 有多少次，你听过的演讲也是如此？台上讲得慷慨激昂，可听后你却什么也回想不起来。事实上，演讲就是对听众记忆力的争夺。即便只有一句话、一个故事在演讲后让听众津津乐道，这也意味着演讲成功了！——译者注

了，而这些都意味着演讲失败。

这一节是为了告诉你，要做到言简意赅。不但要用心控制演讲的总长度，还要尽量使你的演讲内容深入、具体、结构严谨——这些都很重要。把你的演讲内容精心归纳为3～5个主题，演讲涉及的所有内容都要与这些主题有关。然后，演讲的时候要不断强调这些主题，使演讲内容紧扣主题。听众们事后可能会忘记演讲的具体内容，但他们会对你的故事有一个大致的印象。①

盖伊·川崎（Guy Kawasaki）精通遣词造句，在《魅力》（*Enchantment*）一书中他写道，要“简短而有说服力”。这和罗斯福的建议大同小异。[5]

TIPS

魏斯曼
完美演讲

记忆是有灵魂的！控制好演讲的总长度，将演讲内容归纳为 3～5 个主题，演讲涉及的所有内容都要与之相关，以给听众留下印象。

① 这一点对于商务演讲尤为重要。事实上，人们对于数据和事实有一种崇拜，认为这是权威的必然表现。但是只有事实的堆砌却不能和最终的记忆画上等号。不妨把影响听众的首要目标调整为记住框架，而他们会自己设法去连接事实。——译者注

第4章

直击听众的根本需求

《华盛顿邮报》的记者鲍勃·伍德沃德（Bob Woodward）和卡尔·伯恩斯坦（Carl Bernstein）揭露了臭名昭著的“水门事件”，两人还将其创作成1974年的畅销书《回放水门事件》（*All the President's Men*）。罗伯特·雷德福（Robert Redford）和达斯汀·霍夫曼（Dustin Hoffman）在1976年基于此书拍摄的电影中分别出演这两位记者。这件事中的一些名词或句子流传至今，其中流传最广的就是线人的别称“深喉”。故事中被称为“深喉”的那位线人建议伍德沃德和伯恩斯坦“跟着钱走”。

对演讲者来说，这句“至理名言”也很有参考价值。但是，在演讲者极力把自己的故事讲得有声有色，并顺利完成回到座位时，他们往往会忽略给听众带来直接的利益。在这个过程中，演讲者没有很好地运用“金钱”这条线索。

在这里我引用一下《魏斯曼的演讲大师课1：说的艺术》中举过的一个例子：

> 一个刚刚起步正在寻求资金的公司向我请教如何赢得风险投资公司的认可。他们的CEO是这样演示的：首先用幻灯片列举了公司产品线的营利模式，随后简明扼要地说“正如你所看到的，我们的产品能够给客户带来丰厚的利益”。

我说："那又如何？"CEO笑着补充道："这使得我们公司生意不断，新的生意为我们带来循环收益，循环收益提升了股东价值。"

这才是风险投资公司希望看到的预期收益，这就是"直击听众的根本需求"的很好体现。

再举一个例子：美信集成产品公司是一家设计、销售模拟和模数混合半导体产品的公司，卡伦·威斯比（Karen Wespi）是这家公司的一名销售经理。在一次演示会上，威斯比小姐向一家大型计算机制造商推销美信的产品。在演示中，她通过幻灯片列举了公司产品线的特点，并对每个产品做了详尽的介绍。随后她简明扼要地说："正如你所看到的，美信的产品在技术含量和性价比方面都很出众。"

我说："那又如何？"威斯比小姐补充道："美信公司的解决方案能够极大地提升计算机的性能和产品投放市场的速度，帮助你们顺利打败竞争对手。"①

到这里她才真正给出了计算机制造商所希望看到的预期收益，这也是"直击听众的根本需求"的具体表现。

在练习演讲的过程中，反复问自己"那又如何"。假设自己就是上

① 演讲者经常会犯的一个错误就是，自认为听众一定会很快明白我的产品、观点对他来讲意味着什么。但可惜的是，很多情况下，听众都是懒的，他们不愿意再往前走一步，即便你认为"这不是明摆着的嘛"。这其中还有一个很重要的原因就是，听众的大脑需要对你的内容进行消化、编辑，而这也需要时间，所以当你跳跃着描述或者没有捅破那层窗户纸时，就不要指望他们能够立即为你的内容买单。——译者注

文提到的公司的CEO或者威斯比小姐，把自己的听众想象成风险投资公司、计算机制造商，或者任何其他人。当你试着回答自己提出的“那又如何”的问题时，你就在寻找“听众的需求”的路上又前进了一步。

正如“深喉”说的那样：跟着钱走吧。

TIPS

魏斯曼
完美演讲

在练习演讲的过程中，反复问自己“那又如何”，以给出听众希望看到的预期收益，“直击听众的根本需求”！

第 5 章

先发散思维，再聚合思维

以想象力丰富而著称的、富有传奇色彩的意大利电影导演费德里科·费里尼（Federico Fellini），对创作过程有着独到的见解。在记录自己艺术生涯的《费里尼论费里尼》（*Fellini on Fellini*）一书中，他描写了自己的创意是如何而来的：

> 我讨厌周密的计划。如果做什么事都要按照一条明确的既定路线行事，那对我来说意味着失败和危险……别忘了，胎儿是在母亲漆黑一片的子宫中形成的。[1]

演讲的过程也是一个创造的过程。在崇尚标准化的年代，大多数演讲者的想法都和费里尼相反，他们往往会按照一种"明确的既定路线"行事。通常，在公司演示幻灯片的场合里，演示一开始大家就知道这只不过又是一次数据罗列罢了。

要知道，这种方法违背了人类大脑所具有的发散思维和聚合思维这两种本能。神经学家凯西·施瓦茨（Casey Schwartz）在网站"每日野兽"上一篇关于创造力的博文里，谈到了它们两者之间的不同：

> 发散思维是一种能够突发奇想的能力。聚合思维则恰恰相反，它要求你必须集中注意力从众多选题中作出最后决定。[2]

当演讲者打开幻灯片准备开始一段“创作”之旅时，他的思想实际上已经被束缚了。解决办法是，先发散思维，再聚合思维。让你的思维任意驰骋，随便想到哪都可以，然后用头脑风暴的方法把想法记录下来。①

在还没有开始考虑幻灯片和要讨论的问题时，先用文字而不是图片准备你的想法。如果你从制作幻灯片着手，那就会把精力过早地放在颜色、尺寸等表面问题上，其结果可想而知。相反，你应该先从构思入手，用纸、电脑、小黑板或者便笺记录下想法；然后，客观地评价一下这些想法；最后，决定哪些需要，更重要的是决定哪些不需要。

一定要在准备阶段“罗列数据”，而不是在正式演讲的时候。集中精力进行聚合思维之前，一定要先发散思维。

发挥你的创造性吧！

TIPS

魏斯曼
完美演讲

先发散思维，再聚合思维。让你的思维任意驰骋，随便想到哪都可以，然后用头脑风暴的方法把想法记录下来。

---

① 对于演讲 PPT 而言，最忌讳的就是一上来就先确认 PPT 的内容。实际上，这恰恰是要最后完成的工序。对于任何演讲来说，PPT 都是辅助工具，而演讲者本人才是核心。如果你一上来就打开 PPT，想一张，写一张，那么最可能的结果就是越写越多，越写越偏。使用思维导图这类工具，先发散思想，再聚合思想，之后形成讲话框架、确定视觉风格，最后再形成满足演讲要求的 PPT，效果会更好。——译者注

第6章

重者先行，轻者置后

伍迪·艾伦（Woody Allen）自己就像是一个独立的电影工作室，在辉煌的职业生涯中他一共创作了60部影片。他有着与前文提到的意大利导演费德里科·费里尼类似的创造性思维模式——自由式思维。

遗憾的是，为了尽快赶制出一个演讲材料，大多数演讲者往往会在最后关头把以往的幻灯片当成模板来用。这样做是因为，非常看重结果的商界人士想从一开始就稳操胜券。但是不管是对艺术家而言，还是对商人来说，创意往往是在毫无准备的状态下产生的，而这是创作过程的一个重要组成部分。演讲也是一个创造的过程，也应该是随机的。艺术家要明白这一道理并顺其道而行之。

在美国公共电视台（PBS）一档名为《美国大师》（*American Masters*）的栏目里，伍迪·艾伦通过一个自传片披露了自己创作的过程。镜头来到他的公寓里，伍迪·艾伦打开床头柜的抽屉，拿出一沓凌乱不堪的纸张，说道："这都是我积累的，我就是这么开始创作的。这都是我在宾馆随手记录的一些东西，之后我会对此进行思考。"然后，他把这些纸扔在床上，接着说："每次开始一个新的创作时，我就会把这些纸倒出来，然后像这样坐着，一张又一张地看……"[1]

那么你该怎样进行头脑风暴呢？你也可以效仿伍迪·艾伦的"宾

馆式联想法”。你可以用三到五张卡片、一个小黑板、几张便笺或者其他任何能从超市里买到的有记录功能的东西，然后利用激励法、思维导图[2]、微软Visio软件[3]等一切可以利用的方法或者媒介，来记录并且分析你的想法和创意。①千万不要急着得到答案，让思维在本能的驱使下漫无边际地翱翔吧。如果你很快就完成构思，那么你肯定会错过一些新奇的想法。头脑风暴结束后记得保存好你的作品。

在这里，我们从伍迪·艾伦和费德里科·费里尼的方法论中了解到了一点新东西。他们俩在影片后期制作方面都比较有特点。后期制作发生在编剧和拍摄之后，导演会将拍摄的场景重新组织和剪辑一番。不过，伍迪·艾伦针对2012年的影片《爱在罗马》（*To Rome with Love*）所做的努力并没有得到《纽约时报》评论家A.O.斯科特（A. O. Scott）的认可。斯科特先生将这部影片称为“令人纠结的故事（就像艾伦先生从装满便笺和草稿的扁平行李箱中翻出来的一样）”。[4]很显然，斯科特先生也看过艾伦的那部自传片。

费里尼先生将后期制作推向了一个新的水平，他的后期制作充满了创造性。他分别筛选出形象和声音最适合影片的演员，通过后期编辑将他们融合在一起。

让你的大脑无拘无束地思考吧，头脑风暴之后再进行整理。一定要针对要完成的工作选择正确的工具和顺序。

---

① 我个人推荐使用思维导图和印象笔记这两个软件——前者用来整理思路，后者用来积累想法。——译者注

你应该听听伍迪·艾伦是怎么说的："这并不难，它既不是航天科技，也不是量子力学。如果你是故事的作者，那应该清楚你想要呈现给观众什么，因为故事是你写的。权当是在讲故事，而你就是讲故事的人。"[5]

TIPS

魏斯曼
完美演讲

不要急着得到答案，让思维在本能的驱使下漫无边际地翱翔吧，头脑风暴之后再来整理。

第7章

构思好最后一句话，以终为始

Wordnik（在线字典）对“存在主义”的定义是：“它是一种哲学思想，强调在敌对或冷漠的环境中，每个个体独特的、孤立的体验，并认为人类的存在是无法解释的。”[1]

伍迪·艾伦经常在他的电影里提及存在主义，并通过引用存在主义大师克尔凯郭尔、尼采和萨特的名言，为自己的电影打上了存在主义的烙印。他曾经说过这样一个笑话：“我参加过一次存在主义的测验，一个空格都没写出来却得了100分。”[2]

在他执导的第40部电影《遭遇陌生人》（*Meet a Tall Dark Stranger*）中，艾伦先生又一次提及了存在主义，这次他不仅引用了大师的名言，还在整部影片中围绕存在主义哲学展开。事实上，这部电影里唯一引用的也是最点题的名言出自莎士比亚。在影片一开始有一段引自《麦克白》（*Macbeth*）的旁白：“痴人说梦，讲得慷慨激昂，却没有任何意义。”

接下来，影片讲述的是两对夫妻因夫妻双方都希望找一个更好的伴侣而导致婚姻破裂的故事。但是，在影片的最后，4位找寻者陷入了比之前更糟的境地——他们的寻找变得毫无意义。

《旧金山纪事报》影评人米克·拉萨尔（Mick LaSalle）在对这部影片的评论中写道：

> 艾伦再次对存在的无意义进行了深入的思考，但是这次他有了另外一个想法，这个想法影响了电影的故事和结构。可他并不是为了让你走出影院的时候思考说："嗯，可能世界上并不存在什么道德秩序。这个观点很有趣。"反之，他是想让你思考："咦？它想表达什么？"[3]

"它想表达什么？"还有与其类似的说法："你的观点是什么？"你最不希望观众在你演示结束之后，边走边想以上这些问题吧？不过，有多少回你是作为观众去听别人演示，而在对方演示结束后嘀咕这些充满鄙夷的话的？

作家史蒂芬·柯维的畅销书《高效能人士的七个习惯》中提到的第二个习惯是"以终为始"。[4]运用到演示中则是"在展开你的演示之前，要明确构思好自己要讲的最后一句话，然后运用一切奇思妙想与强有力的词藻来帮助你实现自己的目的"。如果你能遵从这个建议，那么就可以避免出现上述情况。①

伍迪·艾伦的"无意义"也许是特立独行、标新立异，而你却玩不起。演示的好坏与否直接关系到你的利益。你最需要做的是：要讲

① 这种做法广受推崇。我们还可以在麦肯锡关于思考方式的经典之作《金字塔原理》中看到类似的建议。今天的听众生活在一个信息爆炸的时代，我们每一个人每天处理的信息量都要超过古人一辈子所需要处理的。这意味着听众的耐心在降低，所以你最想表达的应放在首要位置。——译者注

得慷慨激昂，同时还要让观众明白你的想法，并引导他们的行为。

TIPS

魏斯曼
完美演讲

以终为始！在展开你的演示前，要明确构思好自己要讲的最后一句话，然后运用一切奇思妙想来实现你的目的。

第 8 章

在90秒内提出你的目标

戏剧和电影评论员能否在评论文章中透露故事结局——尤其是在故事结尾出现出人意料的情况时？影片《公民凯恩》的影评是否该提前揭示“玫瑰花蕾”的象征意义？

特里·蒂侨特（Terry Teachout）是《华尔街日报》的影评人，他认为剧透这一举动不当。《战马》在纽约林肯中心热映之时，特里在其评论文章中以“评论礼节”和“戏剧评论准则”为由，对涉及关键剧情的地方两度缄口。[1]

《纽约时报》的首席联合影评人曼诺拉·达吉斯（Manohla Dargis）和A.O.斯科特却与特里持相反的态度，他们对剧透的看法也给演讲者上了重要一课。斯科特先生赞同提前泄密，他的态度十分明确：

> 安娜·卡列尼娜最后死了。包法利夫人也死了。哈姆雷特和《哈姆雷特》里的所有人都死了。

而达吉斯女士的态度也与他差不多：

> 说老实话，如果你不想提前知道一部电影、一本书、一部剧或是一个电视节目里发生了什么，那就该在自己看完故

事后再去看评论（我本人很少这么做）。因为不管一篇评论文章如何小心翼翼地避开那个话题，还是会透露出某些让人恼火的内容——也许是一点故事情节、一行人物对话，甚至是一个大结局。[2]

其他评论人则会在撰写的文章中加上一句“慎入：内有剧透”，提示读者可能会看到涉及重要情节的内容，借此来规避风险。

对戏剧、电影来说，出其不意的情节泄露却能起到良好的效果——悬疑的存在让剧院里的观众舍不得离开座位，使影院里的观众不忍起身去买爆米花，但是那对聆听演讲的听众却恰好相反。对于这样的小伎俩，他们既没有应付的时间，也没有应付的兴趣，而演讲者也最不希望听众这样想：“你到底想说什么？”

在前一章中，你已经了解了在演讲中清晰呈现观点的重要性。现在我们要郑重提出这样一个观点：在演讲开始之际——也就是90秒内，提出你的目标。在这里不禁要冒犯一下蒂侨特先生：演讲开始之时，你就应该直截了当地阐述你的观点，态度要像达吉斯女士和斯科特先生泄露结尾一样坚决。剧作家和电影制作人都可以等到最后一幕才告诉观众——凶手就是管家，而你则不能有这样的奢望。

TIPS

魏斯曼完美演讲

在90秒内，提出你的目标，直截了当地阐述你的观点。记住，留下第一印象的机会只有一次。直奔主题吧！

第9章
别将演讲的重心放在PPT上

自1897年在巴黎首秀之后，《大鼻子情圣》（*Cyranode Bergerac*）[①]一直吸引着不计其数的观众和演员。剧作家埃德蒙·罗斯丹（Edmond Rostand）为最初的法国演员创作了其中部分内容，而这位演员出演了400多场。在20世纪，这个故事被反复翻拍多达6次，且其中的一部还使乔斯·费勒（José Ferrer）夺得了1950年奥斯卡最佳男主角奖，另外一部则在1987年使史蒂夫·马丁（Steve Martin）一举成名。此外，它还被5次编排成了戏剧。

尽管这个故事是以17世纪一个诗人和武士为原型的，可正是罗斯丹先生的诠释使它具有了持久的魅力——同时它也成为演讲者的代名词。简单来讲，《大鼻子情圣》讲述了这样一个故事：主人公因为长了一只格外大号的鼻子，而被大家认为长相丑陋，但上帝却赐给了他常人少有的语言天赋。在一个“浪漫代笔”的片段中，大鼻子情圣帮助一位长相英俊但略有口疾的年轻人赢得了一位美人的芳心。他帮助那个年轻人写情书，并且代表他在一次化装舞会上公开表达爱意，那演讲简直如同口技表演一样精彩绝伦！

---

① 《大鼻子情圣》是一部1990年的法国历史电影，改编自知名法国剧作家埃德蒙·罗斯丹1897年的舞台剧《风流剑客》。——编者注

《大鼻子情圣》的故事充分说明了，精彩的内容远胜过花哨的形式。对于演讲者来说，最重要的是故事本身。演讲者的讲述和演绎，比他所使用的幻灯片更重要。演讲咨询师、作家、教练、设计师、网站和机构等多个行业或领域，都对这一排序相当认可。在专业图形设计师一年一度的行业聚会——里克·奥尔特曼的演讲峰会上，我也听到过很多人将其作为准则。[1]

然而，和我的客户一样，他们所接触的这些全球各地的商界客户还是忽视了“演讲的实质内容更重要”这个建议，反而去追求精美的幻灯片，希望幻灯片能替他们讲述精彩的故事。当然，也正是这个原因，演讲培训的生意才会源源不断，但结果是很少能打造出真正出色的演讲。我们一定要充分重视这个建议，把更多的心思花在如何把内容以精彩的方式讲述出来，而不是花在设计过分花哨的幻灯片上。①

TIPS

魏斯曼
完美演讲

幻灯片不是口技艺人，而你也不是个哑巴！把更多的心思花在如何把内容以精彩的方式讲述出来，而不是花在设计过分花哨的幻灯片上。

① 在我看来，演讲者才是真正的 PPT。我们都知道 PPT 代表着 PowerPoint，可是有多少人做出来的幻灯片是具备真正的 Point（观点），具备真正的 Power（力量）的？同样，演讲者打动他人靠的正是他讲的内容具备 Point，而他讲的方式又富有 Power。另外，演讲者大致可以分为三类：依赖 PPT 的三流演讲者，没有 PPT 他无法完成演讲；驾驭 PPT 的二流演讲者，他懂得什么时候展现、什么时候控制；超越 PPT 的一流演讲大师，因为他本人就是 PPT。——译者注

第10章

避免无意义的发问

语言是有生命的，它也是在不断进化着的。

在美国人的演讲中，为了能取得较好的效果，人们开始使用一个新的表达方式：“我说清楚了吗？”在对话或者演讲的中间部分，说话的人常会使用这句话，旨在了解听众是否真正理解了他所说的内容。不过，这句话也有三种副作用：

- 让人们觉得演讲者自己也不确定所阐述的内容是否准确。
- 让听众觉得演讲者在质疑他们的理解能力。
- 这句话以疑问句的形式出现，暗示着所质问的内容可能是存在不确定性、意义不大或者是完全没有意义的。

“我说清楚了吗”，这句话已经非常流行，它就好像其他的过渡性用语一样，比如“我好像”“我的意思是”。说话的人大都未曾意识到他们使用了这样的词语，而多数观众也并没有意识到他们使用了这样的表达方式。这句话的使用频率和“毫无意义的程度”几乎等同于：

- “你知道的……”，就好像在确认听众是否在听你说话。
- “如同我所说过的……”，就好像在说听众没能理解你之前所说的。
- “我重复一遍……”，这就像演讲者在对观众说：“你们刚才一定没听懂！”

- “老实说……”，让人觉得你在之前的演讲内容里撒过谎。

当出于善意并努力满足听众的需求时，每一个负责任的演讲者都有权去确认自己是否表达清楚了，观众是否真正理解了。但不要表现得像是在自我质疑内容的准确性、清晰程度，或者质疑听众的理解能力。①取而代之的是，我们可以说：“大家有什么问题吗？”

这样中立的开放性问题，无非可以促成两种情况：还有人不明白，而不明白的人就会主动问演讲者；或者所有人都接受、理解了刚才的演讲内容。而这两种情况，一个促成了说话人与听话人之间“发出—接受”这种反馈形式，另一个则表明整个沟通已经成功完成。

TIPS

魏斯曼
完美演讲

不要表现得像是在自我质疑内容的准确性、清晰程度，或者质疑听众的理解能力，我们可以说：“大家有什么问题吗？”

① 演讲者在语言上的打磨也是非常必要的，一个基本的原则就是：不能自我否定，不能降低权威，不能模棱两可。——译者注

第 11 章

信心的传递大于信息的传递

在之前的章节里，我曾建议大家尽量避免使用给人高高在上感觉的、不礼貌的或者过分谦虚的词语，但这还有一组需要改变的、无意义的表述方式：

- 相信；
- 想；
- 觉得。

律师们一直劝诫政府官员和公司的职员们小心说话，避免使用带有前瞻性或不确定性的表述。在过去的10年中，许多财务丑闻使得律师们需要花更多的心思来字斟句酌。这样一来，企业里的演讲者们开始更多地使用条件语气。诸如“我们相信”“我们认为”“我们觉得”这样的表述开始被广泛使用，以避免雷区。更确切地说，这种趋势让本该明确的语言变得不那么明确——比如下面这句话：

> 依托良好的机遇和我们的技术优势，我认为您一定会发现我们公司具有巨大的成长空间。

“我认为”这个词让你的听众容易产生质疑，至少是潜意识里质疑你所说的话。作为一个正在试图说服听众的演讲者，你所要做的就是尽可能多地使用确定性的表述。[①]要将疑惑转为确定性，就要由条件语气转变为陈述语气。具体来说，我们可以通过删去那些令人不快的词语来实现：

> 依托良好的机会和我们的技术优势，您一定会发现我们公司具有巨大的成长空间。

这样一个调整，加强了整个句子的感染力。

当某件事情的后果的确存在不确定性的时候，也并不意味着你一定要使用预测性和前瞻性的表述，因为这样做会有风险。在这种情况下，你当然需要使用条件语气。不过，你大可不必使用“想”“相信”“觉得”等词汇，最好用下面的这些短语来代替：

- 我们有信心……
- 我们对这件事感到很乐观
- 我们深信……
- 我们完全可以期待……

你感觉到这样表述的不同之处了吗？现在看看之前那句话的升级版：

> 依托良好的机遇和我们的技术优势，您一定会发现我们公司具有巨大的成长空间，并且我们有信心可以将快速的发

---

① 这一点对于领导人演讲显得尤为明显。大部分这样的演讲，其目标只有一个：信心的传递要大于信息的传递！——译者注

展转化为可观的营业收入。

现在让我们将目光从高深的说服术转移到平凡的飞机航班上吧。回想一下当到达目的地、即将落地时，你听到的广播通知：

很荣幸成为第一个欢迎您来到旧金山的人！

听起来很熟悉吧？这已然是陈词滥调了。我们不仅可以在航班里听到，同样可以在政治演讲、大学课堂、教堂的布道会、颁奖仪式、接待致辞、婚礼祝词等不计其数的地方听到或看到这样的文字。但在商务演讲中，这样的语句却显得含糊不清。

如果你想那么做，为什么不直接那么做？直接说：

欢迎您来到旧金山！

用陈述语气表达实实在在的词句，更有可能帮助演讲者获得实实在在的反馈。

TIPS

魏斯曼
完美演讲

作为一个正在试图说服听众的演讲者，你所要做的就是尽可能多地使用确定性的表述。

第12章

作家的创作瓶颈（一）

作家的创作瓶颈是创意与文学创作过程中众所周知的东西。好莱坞电影《永无止境》（*Limitless*）就是一部关于创作瓶颈的作品，它由布莱德利·库珀（Bradley Cooper）和罗伯特·德尼罗（Robert De Niro）领衔主演。剧中，库珀扮演了一位过气的作家，他通过一种药物解决了严重的“乏善可陈”症状，这不仅使他文思泉涌，还使他获得了很多其他强大的精神力量。当然，这是一部虚幻的小说。A.O.斯科特在《纽约时报》的影评中说：“这部影片像是一种充满力量、令人感觉愉快并且荒谬的复合产品……是惊悚与科幻片的混合体，并且借助了讽刺手法进行催化。”[1]可在现实中，这种情况的确很普遍：作家总会有乏善可陈的时候。

斯科特进而列举了很多作家解决“词穷困境”的办法，比如，“削10支铅笔，吃个三明治，假装这部拖延许久的作品的第一章是写给祖母的家信，再或者默默哭泣，要么再喝点什么”。

然而，这种“创作瓶颈”不仅发生在文思枯竭之时，或是一个作者在最后截稿期限之前赶稿的情形下，抑或是想要创作一部“伟大的美国小说”的巨大压力下，还存在于演讲当中。演讲者经常需要撰写有新意的讲稿，这样他们的演讲才能更吸引人。与那些一直盯着空白电脑屏幕或者拿传统便条簿进行创作的自由作家们相比，他们的创作难度并不是那么高。商业演讲者有可能隶属于一个团队，这个团队可能是一个大公司或者小型创业公司的一个部门，这样，商业演讲者们创作时可以盯着的就不是空白的屏幕，而是其他同事以往的演示文稿等材料，用以借鉴。

当然这也有一定的问题：商人们会先入为主地认为“演讲稿首先是在PPT里的”。很多公司都积累了大量的、可以查询和搜索的PPT数据库，这个数据库对团队里的所有人都是开放的。当你输入“公司战略”这个词时，所有带有这个关键词的PPT页面就会立刻出现在你的面前。问题是当演讲者选择合适的PPT页面拼凑成自己认为有价值的PPT文件时，这个PPT文件也就仅仅对他自己有意义。这种合成的作品就是我们通常所说的大杂烩。

这样做很糟糕，因为演讲者的文稿全部依靠别人文稿里一些零散的单页，逐字读给听众听，难免会出现一些疏漏甚至是笑话。①

这种做法的问题还在于，从一开始就进入了写作的中间阶段，然后一下就跳跃到收尾阶段。这期间省略了很多决定性的步骤。

一个很简单的解决办法就是：从结尾阶段开始——就如同史蒂芬·柯维所主张的那样。一定要记住，正如你在第7章看到的，在演讲中所谓最后的阶段也就是你通过努力想要达到的目标。

---

① 不幸的是，这样的情况在今天的商务环境里太普遍了。在实际中，做PPT的不是讲PPT的，所以出问题是一定的，而枯燥乏味也是一定的。乔布斯一直都是自己把控演讲的PPT，所以你会感觉，他们已经合二为一了。如果实在没有时间，你至少应当和制作演讲PPT的人有充分的沟通，而不是等秘书在最后一刻把PPT发给你，然后立即登台。——译者注

如果从你想要达到的目标开始入手，而不是从幻灯片开始，那你所做的努力便有了支配性的重心。但即使这样也不要忙着去做幻灯片，而应按照如下步骤展开：

- 分析你的听众，想想他们会如何反应。
- 发散思维，琢磨一下能够帮助你达成目标的所有办法，以及听众到底想知道什么。
- 分析核心观点，把那些无关紧要的剔除。
- 把核心观点组织起来，让它们看起来很有逻辑性。

做完以上工作，你才可以制作幻灯片和演示文稿，这样它们才能清晰地帮你展示核心观点。

这种分步的方法不是什么具有魔力的药剂，但它能够帮你充分认识到创作过程的本质，并且不断地创作出让你成功的作品。

TIPS

魏斯曼
完美演讲

从结尾阶段开始，充分认识创作过程的本质，再来制作幻灯片和演示文稿。

第13章

作家的创作瓶颈（二）

无论是对作家还是对准备素材的演讲者来说，前文所提到的分步方法都是适用的。还有一种解决创作瓶颈的独门秘笈，那就是大声地说出来。

人们都知道，很多作家经常会把自己安安静静写出的东西大声地读出来，这样可以激发出他们更多的灵感。《连线》杂志有一篇关于语音识别的文章，其作者克莱夫·汤普森（Clive Thompson）讲述了16世纪法国散文家蒙田和19世纪美国作家亨利·詹姆斯的故事。这两个人在创作的时候都是大声地说出来，并让秘书帮助他们记录。汤普森先生也举了一个当代的例子："作家、剧评家蒂姆·卡莫迪（Tim Carmody）发现自己对着空空的稿纸无从下手，但是和朋友讨论自己的想法时却毫无问题。于是，他开始使用一款叫作'Dragon'的语音识别软件，大声地把自己的想法说出来，一说就是几个小时。就这样，他解决了自己的问题。"[1]

卡莫迪先生也只是尝到了说和写相结合的一点点好处。"大声说出来"还从另外一个角度为创作的最后环节提供了帮助，那就是校稿和润色。很多专业的作家会把自己的作品大声地读给自己听，而不是像蒙田和詹姆斯那样读给秘书听。

给一个相对安静的创作过程配以声音，把作家自身变成自己作品的听众，这样就会很客观地让作者了解到自己写出的是什么内容。①畅销书作家尼科尔森·贝克（Nicholson Baker）把这种方式称为“说写同步”，他一边口述给自己听，一边打字记录。在接受《纽约时报》关于《洞之屋》（*House of Holes*）的采访时，贝克解释道：“这样文字就显得很不同了。句子都会很简单，可我也不会总想着会去添加一些词汇什么的。我只是在尝试用更简单的方法讲故事。”[2]

演讲本身就是大声地说话，那么在准备演讲的过程中也就应该有“说话”的成分。作为演讲教练，我建议演讲者在排练的过程中用PPT的模式（把它当作一个情节串联图板）播放，然后大声地演讲一遍，同时想象面前有一群观众。

这种方式可以提前核查你的创作。就像卡莫迪一样，你也可以大声地说出整个演讲，并通过“Dragon”这款软件或智能手机的录音功能记录下来，再在随后的重放中去整理和改进你的创意和辞藻。但是打破僵局的关键在于：开口说出你的创作内容。

作家会有创作的瓶颈是因为一开始就乱写，而这很容易让人写着写着就开始气馁。即便作家一开始就有很清晰的思路，演讲者早已构思好了演讲内容，单是从构思里整理出可以利用和创作的内容，就会让他们觉得不堪重负。作家和演讲者都很熟知自己的主旨，与人谈论这些内容的时候也很顺畅。大家可以试着跟录音设备去沟通你的想

① 我非常赞同这一点：演讲者一定要在脑袋里面创造出两个声音、两个角色。一个是自己，一个是假想的听众。把演讲稿读出来，用假想的那个角色去审视、去评价、去修改。——译者注

法，你会发现这种方式很有效！

汤普森的文章中说到了蒙田有多么重视这种方法："我口述的内容比我写出来的内容要精彩得多。"[3]

TIPS

魏斯曼
完美演讲

大声地说出整个演讲，将之记录在手机里，在重放中整理、改进你的创意和辞藻。

第14章

绝不要说“绝不”

英国前首相温斯顿·丘吉尔既是高产的作家也是出色的演讲家，他在世界上很多庄严的集会上进行过演讲。他曾对英国哈罗公学的男生们发表过演说，他在演讲中说道：

> 绝不屈服，绝不妥协，无论事情大小轻重，除非事关荣誉和理智，否则绝不让步。绝不要屈服于压迫，绝不要向敌人哪怕是压倒性的力量低头。[1]

丘吉尔于1941年说了这些话，在随后的几十年间，这些话都被作为鼓舞人心的演讲典范。可是丘吉尔先生使用的是否定性的词语来鼓舞人，他告诉听众们哪些事是“不要”去做的。

在沟通中，否定性词语不容易把握。它已然成为政治竞选活动中的一种方式，且通常是有效的——正如我们所知道的，米特·罗姆尼（Mitt Romney）就是应用这种方式在2012年成功当选共和党总统候选人的。否定性的词语使罗姆尼避开了反对派势力，避免了选区的分裂。

在商业领域，否定性的词语则不能有效传达信息。你会在演讲中听到以下内容吗？

> 我们所不能做的是……

你说什么呢？好吧，那你能做什么呢？只需要告诉听众你所能做的，而不是不能做的。另外，否定性的词语会让听众觉得你是在保护自己，让自己远离麻烦。

典型的带有否定性内容的演讲，要数尼克松因水门丑闻而为自己做的辩护："我不是一个骗子。"①

如果他把表达方式变为肯定句形式的——"我是个诚实的人"，那人们也许会对他更加宽容。

这是不是意味着你要效仿丘吉尔，除非在劝诫听众，否则绝不说"绝不"？《绝不主义》（*Neverisms*）的作者马蒂·格罗思（Mardy Grothe），在这本书中罗列了一系列以"绝不要"为开头的问题。马蒂把丘吉尔的演讲技巧总结为"忠告"，或者说告诉听众们不要做的事情包括[2]：

- 绝不要让小男孩去做男人该做的事儿；
- 绝不要说逝者的坏话；
- 绝不要以封面判断一本书的好坏；
- 绝不要在孵化完之前就开始数你会有多少只小鸡；
- 绝不要在同一个问题上犯两次错。[3]

① 这是沟通学上的一个经典案例。尼克松的原话是"I am not a crook"，而且他还把重音放在了那个"crook"，也就是"骗子"这个词上面。这无疑强化了听众的认知，即便他想表达的恰恰是相反的意思。不要小看这一点，使用正面和积极的词语远比负面的双重否定要好得多，你要强化听众对你内容的正面感知。——译者注

我个人最欣赏的“忠告”是由李洛伊·“萨奇”·佩吉（Leroy “Satchel” Paige）缔造的。佩吉一直在黑人联盟打球，直到杰基·罗宾森（Jackie Robinson）打破了种族歧视，佩吉才在他42岁的时候登上美国棒球职业大联盟的舞台。当有人问他如何保持年轻和活力时，佩吉说：“别回想过去，这样对你有好处。”[4]

在工作中，否定性的或者出于否定意图的态度可能成为麻烦，甚至把演讲带进深渊。相反，我们要积极地向前看，关注自己脚下的路和未来的愿景！

当然，这也不是说你可以忽视眼下的问题和困扰，你必须是负责任的，必须毫无隐瞒地阐述（在第65章中，你会得到关于负责任的进一步建议）。务必要确保在你使用了否定性的词语后，一定要用积极的内容去弥补一下。

就像第二次世界大战时期的一首老歌唱的那样：“突出积极向上的。”

TIPS

魏斯曼
完美演讲

不要对听众说“不”！当使用了否定性的词语时，一定要用积极的内容去弥补一下。

第15章
别用被动语态逃避责任

1942年的经典电影《卡萨布兰卡》（*Casablanca*）里有一个经典的桥段，那就是由亨弗莱·鲍嘉（Hunphrey Bogart）饰演的夜总会老板瑞克和由克劳德·雷恩斯（Claude Raines）饰演的法军将领雷诺上尉之间的一段剧情。电影所演绎的时间是第二次世界大战初期，那时的人们忠贞不贰且政治立场也很坚定。故事里的每个角色都有些不可告人的秘密，他们不愿意透露任何信息，可以看一下剧中这两个人物的对话：

雷诺：你到底为了什么来到卡萨布兰卡？

瑞克：因为我的健康问题。我来这儿找水。

雷诺：水？什么水？我们在沙漠里呢！

瑞克：我被人误导了。[1]

这段对话并未提及误导了瑞克的人。谁骗了瑞克？他怎么会到沙漠里找水呢？这个言辞闪避的精巧安排出自朱利叶斯·J.爱泼斯坦（Julius J. Epstein）、菲利普·G.爱泼斯坦（Philip G. Epstein）和霍华德·科克（Howard Koch）等编剧之手。在剧中，这种设计恰恰体现出鲍嘉先生所饰演角色的险恶动机及其深藏不露。可对于演讲者来说这种做法就不适合了，因为这会使演讲听起来有点含糊其辞。

在某些领域，被动语态是比较受欢迎的表达方式，比如：

- **科研领域。**使用被动语态以避免自负并保持客观。“被深入地分析”这种短语就不用说明到底是谁做的分析。
- **社会学领域。**使用被动语态来避免正面冲突。“被袭击”，就不用说是谁进行的袭击。
- **政治领域。**使用被动语态来避免责任。“错误被造成了”，也不用讲明是谁犯的错误。

1987年，罗纳德·里根总统曾回避直接去评论一个敏感的政治话题。但是他最终同意在一次发布会上透露这件事情的细节。次日的报纸头条援引他的话这样写道：“错误被造成了。”

里根并未说是谁犯了错误。

10年之后，司法部部长阿尔贝托·R.冈萨雷斯（Alberto R. Gonzales）同样巧妙地回避了一个敏感话题：8名联邦检察官被解雇。他也是说“错误被造成了”，但没有说是谁造成的。历史就是这样重复着。

2011年，前白宫发言人纽特·金里奇（Newt Gingrich）竞选2012年共和党总统候选人。在接受基督教广播电视网的采访时，他被问及他的婚外情，金里奇说道：“通常情况下我的生活没什么问题，但有时当我的全部热情都投入为国家工作的时候，我太努力了，以致某些不恰当的事发生了。”[2]

当金里奇用这种方式陈述时，他把发生婚外情的过错从自身原因转移到工作上去了。

大众已经习惯了政要们这种含糊其辞的言语。里根、克林顿、冈萨雷斯还有金里奇，以及一届又一届的美国政要，都在通过被动语态来保护他们的伙伴、他们的资助者以及他们自己。但是在以责任感至上的商业领域，被动语态则是不受欢迎的。被动语态省略了动作的发出者，这样就使演讲者脱离了应负的责任——姑且不说这么做的出发点是什么。

在《纽约时报》一篇关于政治中被动语态的使用的文章中，政治顾问威廉·施奈德（William Schneider）说道：“华盛顿方面创造了一种新的语法，这种语法应该名为‘免罪语态’才对。”[3]

这不是关于语法的总结，而是关于心理学的。主动语态和被动语态在语法中的影响并不大，但在演讲中却相差甚远。我们要避免使用被动语态，而应使用主动语态。记住，一定要把动作的发出者加入你的表述中。

TIPS

魏斯曼
完美演讲

主动语态和被动语态在语法中的影响并不大，但在演讲中却相差甚远。被动语态让演讲者显得含糊其辞，别用被动语态逃避责任。

第16章

使用主动语态提升公信力

2011年，当手机黑客丑闻撼动了传媒帝国的根基时，新闻集团总裁兼CEO鲁珀特·默多克在事件披露的第二天发表了一份整版的道歉声明。这份声明以《我们很抱歉》（*We Are Sorry*）为标题，并写道：

> 我们对之前的严重错误深表歉意，对受到影响的人们表示深深的歉意。我们很遗憾情况没有得到快速澄清。我觉得仅仅是简单的道歉已经不够了。[1]

乍一看，这份道歉声明似乎在表示要承担全部责任，但实际上却并不是那样。默多克撰写的第一句话“我们对之前的严重错误深表歉意”，英文原文用的是“We are sorry for the serious wrongdoing that occurred”，这句话并未说明是谁犯了错误。这是英国文化中很常见的一种表达方式（就像英式英语在拼写“realise”和“apologising”时使用“s”而非“z”一样普通），这种方式表现出他们特有的有所保留的风格。这也是公众人物发表演讲时的一种常用表达方式，尤其是当政要们躲避责任的时候，而这些我们在之前的章节中也都提到过。

这句话并未说明是谁犯的错误，如果默多克使用主动语态写道：“我们对之前的严重错误深表歉意”，那就意味着他将承担100%的责任了。

作为一名澳大利亚人，默多克深受英式文化的影响。同时他也是一名干了一辈子的、受过良好语法训练的记者。现在他还是一个面临公关危机、处境尴尬的公众人物。《纽约时报》头条贴切地写道：“手机黑客丑闻愈演愈烈”[2]，默多克先生需要更加谨慎地面对。

这件事反映出两个问题：默多克在报纸上的公开道歉体现了他哪方面的性格？他的真正意图是什么？

时光如梭，在2012年，英国议会经过长达一年的调查后发表了一份报告，报告中写道：“默多克先生已经不再适合执掌一个国际传媒集团了。”[3]

默多克很谦恭地给旗下员工写了一封邮件，邮件中说道：“我们当然应该更快速地做出回应，以弥补过错。我们对所发生的一切表示深深的遗憾，因为我们没能及时整顿局面，这件事已经削弱了公众对我们的信任。”[4]

最终他还是承担了全部责任并且做了100%的道歉。

TIPS

魏斯曼
完美演讲

我们应使用主动语态，把动作的发出者加入表述中。使用主动语态，让听众觉得你是个敢作敢当的人。①

① 积极的心理暗示对于演讲是一个重要的武器。——译者注

第17章

舍弃与听众无关的故事

不可否认，美国前总统比尔·克林顿有天生的演讲天赋。他先后赢得两次大选，靠着自己的三寸不烂之舌就逃过了莫妮卡·莱温斯基丑闻——尽管受到了弹劾，但是最终没有定罪。卸任之后，比尔·克林顿靠演讲赚到了几百万美元。[1]

很多人出于非营利的原因也来找他帮忙，从为海地地震和印度洋海啸筹集善款，到为民主党候选人竞选发表演说。即便是雄辩的奥巴马总统，也在2012年民主党全国大会中邀请克林顿助阵。[2]因此，当美国申请2022年世界杯主办权的时候邀请克林顿加入也就不足为奇了。不过，正因为克林顿的演讲，国际足联把主办权给了卡塔尔。NBC体育节目报道说："克林顿的演讲枯燥而毫无吸引力，听起来并不像一个在白宫工作过8年的人的演讲，反而像是在通读他的讲稿。"[3]

克林顿的讲稿本身更是糟糕。在网上我们也可以看到这段历时13.5分钟的演讲。克林顿把绝大多数时间用来阐述他自己的观点，其中包括他女儿玩足球的经历以及他自身的慈善事业经历——克林顿全球计划，还有美国体育事业多样性等话题。10分钟之后，他才提及国际足联："国际足联使得足球在全世界得到广泛传播。"另外，根据国际足联的宗旨，他补充道："如果世界杯来到美国，那么国际足联的宗旨一定会很好地得到贯彻和执行。"[4]可惜这些话说得太晚了，太微不足道了。史蒂夫·凯利（Steve Kelley）在《西雅图时报》[5]里评价道："前总统比尔·克林顿在演讲中的大多数内容都是关于'比尔·克林顿'的。"①

与美国代表团形成鲜明对比的是卡塔尔代表团。在曾经成功帮助伦敦获得2012奥运会主办权、帮助里约获得2016奥运主办权的职业体育事业咨询师迈克·李（Mike Lee）的支持下，卡塔尔的演讲非常成功，这个成功来自迈克·李并不复杂的秘密武器：更多地关注你的听众而不是你自己。

伦敦《卫报》上关于迈克·李的材料表明，伦敦申奥能够获胜是因为："他准确地把握了国际奥委会的喜好。"迈克·李也十分了解国际足联，而这正如《卫报》所说："需要关注投票人以及他们是如何理解你的演讲的。这是他们最在意的部分，你需要告诉他们你会如何捍卫他们的声望。"[6]

笑到最后的演讲者总是那些最关注听众的人。如果你显得不是那么贴近你的听众，那他们怎么会支持你？

TIPS

魏斯曼
完美演讲

把演讲内容更多地放在听众身上。贴近你的听众，才会笑到最后！

① 避免这样的情况出现，最重要的就是要确保演讲内容是以听众为中心而不是以自我为中心。要敢于舍弃一切与听众无关的故事，哪怕你觉得非常有趣。附带说一句，讲自己的故事并没有错，但是要让听众觉得，这是你的故事，但是也是可能发生在他们身上的故事！——译者注

第18章

把握三个重要的演讲技巧

约翰·杜尔（John Doerr）是硅谷凯鹏华盈公司（Kleiner Perkins Caufield & Byers，简称KPCB）的合伙人，也是众人追捧的演讲家。他的名望来自他通过多种形式与一些大名鼎鼎的公司取得的联系，比如谷歌和亚马逊，另外还有一些非营利性组织如新学校风投基金，以及政府机构如白宫就业和竞争力委员会。杜尔先生经常应邀分享他的经验、见解，以及最佳实践。他的沟通方式很不同寻常——并不是站在讲台上播放PPT，而是先询问他的听众们想听什么，随后一一解答。

每当杜尔走向台前，无论是某个大会的中心讲台还是大学的礼堂，他总能用听众们真正喜欢的话题牢牢地吸引住他们。他以他传统的“注入式”讲授方式把听众们要听的一一列在白板上，然后逐一深入地讲解。当然，为防万一，杜尔会充分地研究听众、组织以及相关的背景，这让他能够从容地面对一切可能被问及的事情。为了更好地进行沟通，他也准备了一系列的PPT文稿来阐明他的主题，他能把白板上的问题和PPT里的内容很好地结合在一起。

这里，他提供了三个很重要的演讲技巧：

1. 提升听众的重要性。最常见的错误就是演讲者过多地提及商品或服务的特点，而不说明这些特点对于听众有什么好处。他们只关注自己的内容而不是听众的需要（只遵循单一的商业演讲模式）。这种做法通常并不能达到演讲的目的，而杜尔的方法却能够解决这个问题。
2. 把PPT放到次要位置。毫无疑问，另外一个错误就是搞错了PPT的作用。演讲者不仅把它当作展示的工具，同时还当作演讲笔记，从头到尾都要用到它，[①]完全把PPT当作多功能的东西。而杜尔的方法同样能够解决这个问题。
3. 随机使用幻灯片时，他利用的是PPT的一项鲜为人知的功能："转到"功能。当处于播放模式时，我们可以输入页码，然后单击回车键，从而迅速地直接转到PPT的任何一页。[②]

最后一个技巧有三个好处：

- 演讲者表现出很好的掌控力，这让听众觉得演讲者将演讲活动管理得非常有效。而"管理"是投资者这样苛刻的听众最在意的因素。
- 快速地响应听众，让每个听众都觉得自己的提议被充分地重视。
- 这是一个耍"酷"的方法。

作为一个风险投资者，杜尔亲身经历过很多让他一掷千金的筹资

① 实际上，PPT 展现的内容和你演讲的全部内容的重合度不应超过 30%。记住，听众阅读的速度要远远高过听的速度，所以如果你把所有的东西都写在幻灯片上，那么听众就没有必要继续跟随你的讲解了。——译者注

② 类似的还有几个小窍门：播放中使用 B 键来暂时关闭投影仪，便于让听众集中注意力关注到你；使用演示者视图的模式让听众看不到你的笔记，这样你的演讲就可以更加游刃有余。关于演示者视图，各位读者稍一搜索就能找到实现方法，非常管用。——译者注

演讲。当然，他首先还是用自己的经验和技巧去筛选他所见到和听到的信息。

换作是你，你会怎么做？

TIPS

魏斯曼
完美演讲

演讲中的三个重要技巧：提升观众的重要性；把PPT放到次要位置；使用PPT的“转到”功能。

第19章
确保听众听懂你的核心表达

不论怎样衡量，维诺德·科斯拉（Vinod Khosla）都是当今最具影响力的一位风险投资者。在他卓越的职业生涯中，曾帮助数百家创业企业成长起来。他起初在著名的风投公司KPCB工作，然后于2004年成立了自己的科斯拉风投公司。他最成功的案例中包括太阳微系统公司、Nexgen/AMD公司、Excite公司以及Juniper网络公司。

在这些公司成长的过程中，科斯拉以专业的眼光审视它们，参与评估企划、资产负债表、战略合作伙伴管理、市场推广，尤其是商业路演。

他向每个公司传播他的基本沟通原则："你所说的和听众所理解的不见得一样！"一个成功演讲者的首要任务就是，要确保听众充分理解了他所要表达的核心内容。

为了达成这个目标，演讲者需要采用一种类似"全场紧逼"的方式，这种方式就像史蒂芬·柯维所总结的"高效能人士的七个习惯"：

1. **提前研究你的听众。**就如同销售人员分析客户一样，演讲者也要这样做。在准备过程中，要尽量搜集听众的信息，了解他们的背景，比如他们是谁、他们了解哪些背景、他们想知道什么，了解他们的顾虑、担忧和敏感问题。

2. **内容要有核心。**在充分分析听众之后，就要开始准备听众喜闻乐见的内容。这一步骤里一定要做的工作就是，去除那些不太相关的信息——这一点说起来容易做起来难。很多演讲者认为，如果想让听众理解所有内容，那就应该告诉他们尽量多的细节。这是完全错误的！应该只告诉他们需要知道的。
3. **提出多重利益点。**让你的内容中充分体现利益点。在你的讲稿里尽可能多地使用这样的话："这个之所以对您很重要……"随后总结出对听众有益的要点。
4. **个性化，个性化，个性化！**在如今这个压力大、风险高的商业社会里，演讲者已经成了无暇他顾的战士，但如果为了节省时间而去设计一个一劳永逸的演讲模板，那可就犯了致命的错误。应该利用你所搜集来的客户信息，在整个演讲中插入亮点，而且亮点一定要新鲜、特别。
5. **随时追踪你的演讲效果。**目光交流在演讲中很重要，这一点早已是共识，但很多演讲者仍然不常扫视他们的听众。不时地看看听众们对于你阐述内容的反应，看看他们是否点头，这样才知道你要传达的消息是不是被他们充分地理解了。
6. **调整你的内容。**如果听众们不是在点头而是表现出困惑，那就先停下你的演讲，进行一些简要的说明和解释，或者干脆先让听众提一些问题。
7. **完整地回答所有的问题。**无论是在演讲中还是在演讲后被提问，演讲者都不能像政客一样置之不理。这并不意味着你要去透露战略性的或机密的信息，可你还是要回应所有的提问，不能回答的也要说明原因，绝不要回避。

虽然科斯拉把他的基本原则应用到他现在所在投资公司的商业演讲中，以及那些希望进入他的投资公司的人群中，但他也代表了你所要进行的每一场演讲中的普通听众。如果你渴望成功，那一定要确保每一位听众都充分地理解了你所要传递的信息。

TIPS

魏斯曼
完美演讲

一个成功演讲者的首要任务就是，确保听众充分理解他所要表达的核心内容。

第20章

用全景视角才能把故事讲清楚

我们在学校里很早就学会了如何列提纲，如何去编织文字。[1]我们已经学会程序化地把自己的想法分级罗列出来，可这与我们大脑自然的思维方式正相反：我们的大脑其实是随机产生想法的。

为了证明这个，当坐在这里撰写这一章时，我看了一眼桌子上的圆珠笔，上面的标志让我想起这是在一次大会上获得的纪念品。在大会上我认识了一个人，他和我提起过一本关于总统政治的书籍。随后这又让我想起了我曾经准备开设一个关于这个话题的博客，于是我便打开了一个记录这个话题的文件……发现我思路的转变了吧？

我敢说，如果你试着去追踪自己的思绪，你也会发现和我一样发散又随机的思绪。这就是人类思维的特性：非结构化。

然而，当商业人员开始着手准备一次演讲时，他们通常会从设计演讲结构开始：要么是去设计提纲，要么是开始拼凑一些PPT页面形成一个“版面”——这两种方式都是将非格式化的思维过程给强行地格式化了。

我们在第6章提到过，和所有的艺术家一样，艾伦也是任由他的思维随意地发散、捕捉灵感，然后才在笔记里以一种全景的视角去记录下所有的灵感。艾伦把记录的纸片散放在床上，有些导演使用情景串联板，建筑师使用混凝纸模型，作战指挥员则使用大幅的地图，而企业也鼓励员工们在白板上涂写出关于产品拓展和战略研讨的创意。《华尔街日报》报道了一个名为“创意绘图”的商品。这是一款绘图产品，它利用一面墙作为白板。这个商品的售价自2008年以来已经翻了两番。[2]

在准备演讲的过程中，你也可以在白板上涂画，在电脑上记录，或者在便利贴上写下你的想法。这么做的好处就是，你能以全景的视角总览你所有的点子。

之所以要这么做，一个简单的原因是，我们的眼睛长在脸的左右两侧，这使得全景的视角要比特写的方式容易得多。如果你从一个提纲开始，那这种受限的方式会过早地把等级和层次加入创作过程中。而全景的视角则使你能很容易发现众多想法之间的逻辑关系。

即便是《不列颠百科全书》也要重视视觉联系。人们按照字母先后顺序而不是概念参考去排序，这一历史已经有244年之久了。2012年，《不列颠百科全书》开始电子化出版，作为这种转变的一部分，书中提供了一个链接图，那看起来就像人们进行头脑风暴时在白板上所涂画的内容一样。[3]

沃尔特·S.莫斯伯格（Walter S. Mossberg）是《华尔街日报》“个人科技”专栏的作家，他写道：它们一向费用昂贵而且使用起来很麻烦……但现在它们提供了一个便捷的应用程序……或许其中最棒的功能就是这个链接图，在每个文章页面的最上方都可以进入这个关系图。这个功能使得它像一个蜘蛛网，每个图标都能链接到与你正在阅读的文章相关的内容。[4]

这种全局视角才能把故事讲清楚，而提纲往往限制了思路。①

TIPS

魏斯曼
完美演讲

从全局出发吧！在准备演讲的过程中，写下你的想法，并以全景的视角总览所有的点子。

① 一条建议：制作完 PPT 后，请使用幻灯片浏览视图再检查一遍，看看结构是否清晰，内容是否精练。幻灯片浏览视图就是一种全局视角。——译者注

第21章
别在演讲中过分关注自我

有一个笑话：演出后，一位歌剧女主角的化妆室里来了一位粉丝。这位女主角不断地对这位粉丝说她华丽的演唱，以及她引人注目的歌剧演出、富有表现力的动作还有她漂亮的服饰。在说了半个小时之后，她说："关于我，我已经说了很多了，您对我的演出怎么看？"

漫画家乔·达特尔（Joe Dator）在《纽约客》杂志上对这个笑话进行了很多改版。在一幅素描中，一位男子正在和桌子对面的女子说话："关于我，我已经说了很多了，现在说说你吧！"[1]

在生活中，这就不那么好笑了。以自我为中心是沟通中的极大阻碍。在演讲过程中，以自我为中心通常体现为很少将演讲内容和听众联系起来。在销售过程中，以自我为中心则体现在很少关注用户的利益。为了更好地理解这种"单向沟通"的弊端，让我们来看看来自人际沟通理论中更加普遍适用的观点。麻省理工学院心理学教授雪莉·特克尔（Sherry Turkle）在一篇发表于《纽约时报》的文章中写道：

> *在沟通中我们彼此关注（这句话本身就是动态的，它意味着互动、交互）。我们可以注意一下语气的微妙变化。在*

这个过程中，我们需要从别人的观点去看待问题。面对面的沟通是慢慢深入的，它需要我们学会耐心。[2]

不幸的是，与雪莉提到的恰恰相反，如今多数的沟通都是一种“单向沟通”。

我们都曾在社交聚会上遇到过那种无趣的人，他们就像歌剧中的女主角唱独角戏那样喋喋不休地谈论自己。这种死胡同似的“单向沟通”有一个显而易见的标志，那就是看它使用声明式的语言来回答问题的比例——这种无趣的人的语言模式里没有问句。

另一个指标就是，这种人频繁地提到了“我”这个词，而很少提到“你”这个词。单看这个指标你就可以告诉自己，该结束谈话去喝点儿什么了。很显然，代词的作用在沟通当中已经上升到人际关系的层面。

另外一位心理学家是得克萨斯大学心理学院教授兼主席，詹姆斯·W.佩内贝克（James W. Pennebaker）。他致力于研究词语的使用频率以及带给人心理上的感觉。在《代词的秘密》（*The Secret Life of Pronouns*）一书中，他写道：

代词（比如我、你、我们、他们等）代表了我们是谁。通过更加细致地观察人们言语中如何表达自己的想法，我们能够发现他们的品性、情感以及他们和他人之间的关系。[3]

佩内贝克教授进行了一系列的研究来支持他的观点，研究内容从克雷格列表网的广告到Twitter上的帖子。[4]

这一章并不是为了帮您提高速配的成功率，而是希望您更加关注听众，更加关注沟通中的互动，而不能搞一言堂。

当进行演讲时，要关注你的听众并为他们提供实惠。当你与人沟通时，要关注对方的感受，注意“我”和“你”的使用比例。当不确定时，宁可更多地使用“你”。

TIPS

魏斯曼 完美演讲

在沟通中不能搞一言堂，要关注你的听众并为他们提供实惠；要关注对方的感受，注意“我”和“你”的使用比例。

第22章

要关注听众的感受和需求

在前面的章节中，我们已经了解了以自我为中心是多么不利于沟通——无论是在社交中还是在我们关注的演讲之中。为了消除障碍，我们要进行双向沟通。有感染力的人在人际交往中注重互动，而且会更加注重为听众提供实惠，无论他面对的是一个人还是一群人。

那么为什么还会有这么多人沟通失败呢？对于这个问题有两种解答：一种是学术上的解答，另一种则是演讲领域普遍认可的错误观念。

哈佛神经系统专家戴安娜·塔米尔（Diana Tamir）和她的同事贾森·米切尔（Jason Mitchell）进行了一系列的研究，探讨人们倾向于谈论自我的原因。他们在发表于《美国国家科学院学报》的文章中写道：

> 我们分析了近期关于人们重视发表自己的观点以及感受的理论，发现这和神经学以及自我认知机制密切相关。有五个研究成果能够支持这个假设。自我表现的动机和中脑边缘多巴胺系统的活动密切相关，这包括伏隔核和中脑腹侧被盖区。[1]

中脑边缘多巴胺系统又恰恰和大脑中让人产生满足感和舒适感的部分在一起。图22-1展示了人们自我表现时大脑的活动方式。正如《华尔街日报》对于这个研究的总结：这意味着“无论是与人对话，还是通过像Facebook和Twitter，这样的社交媒体表达自己，我们的行为都在刺激着大脑中那个产生满足感的部分”。[2]

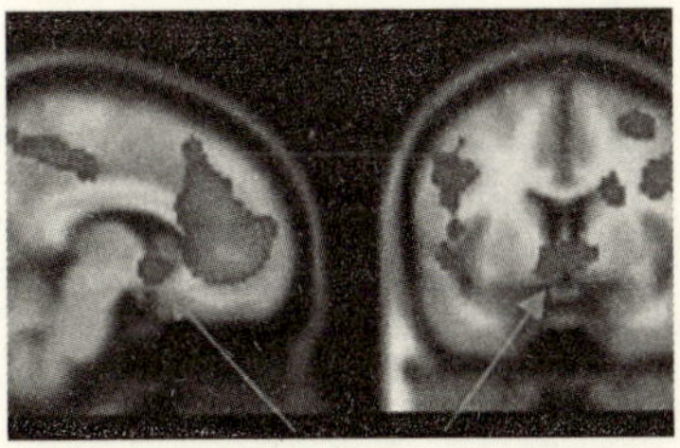

图22-1　在自我表现时大脑的活动方式

这就导致以自我为中心的方式统治了我们的沟通行为。我所能给的唯一建议和我之前提到的一样：先停一停，去换个思路。

而在演讲中这就是另外一回事了。作为一个演讲教练，我一直在敦促演讲者为听众们提供更多的实惠。即便这样，我还是需要反复地提醒他们。演讲者们仍然在兜售或者自说自话。我猜想，这是因为他们依然遵循着演讲界最原始的准则和模板：用几张快照介绍清楚自己的公司。这往往致使演示文档变成了因人而异的“大杂烩”，这个大杂烩包括但又不局限于以下元素：

- 公司成立年份；
- 员工数量；
- 价值观；
- 财务数据；
- 大客户；
- 办公地点；
- 办公区域面积。

这些元素使得演讲一开始的落脚点就是错的，原因有很多：希望通过演示文稿就讲清楚所有细节，可故事却不是一眼就能明白的；关注点使听众们的注意力从演讲者身上挪开了；演讲者只能朗读幻灯片……这类原因还有很多。

最糟糕的是，这全是关于你自己的介绍，而并不关乎你的听众。借用一下某本关于如何约会的畅销书的话：他们并不那么在乎你。[3]

在演讲的一开头就关注你的听众吧！关注他们的话题和关注点，告诉他们为什么你们公司是首选。把你的观点与他们的观点统一起来。

哈佛商学院教授西奥多·莱维特（Theodore Leavitt）就阐释了这一点。他告诉学生们不要试图去“把钻头卖给客户”，而是“卖钻孔”[4]，这样就把你的产品和客户的需求结合起来了。

把你的演示文稿仅仅当成发放给听众的宣传资料好了。如果你仍然觉得有必要跟听众介绍更多的公司信息，那么就放在演讲的最后面吧，前提是要确保他们充分了解你们能够满足他们什么需求。

这样，你的演讲才能充分地与听众结合起来。

TIPS

魏斯曼
完美演讲

在演讲的一开头就关注你的听众吧，把你的观点与他们的观点统一起来。记住，演讲都是关于他们的！

第23章

让演讲流程清晰又自然

参议员巴里·戈德华特（Barry Goldwater）是1964年美国总统大选中的共和党候选人，当年他说："捍卫自由时采用极端主义不是恶行，追求公正时妥协节制也不是美德。"[1]这种政治观点使他败给了林登·约翰逊（Lyndon Johnson），且让他败得一塌糊涂，而这也应该成为演讲者的一个警钟。正所谓物极必反，对于任何事物的极端追求都可能导致相反的结果。

演讲者们最常听到的建议就是："提前告诉你的听众你将要告诉他们什么，接下来就告诉他们相关内容，最后总结一下你给他们都讲述了什么。"在我的训练中我也提出同样的建议，意在强化和维持清晰的演讲流程。而这个建议之所以会被反复提到，是因为演讲者们总是进行着徒劳的、散漫的和无核心价值的演讲，急需提醒。"告诉他们"这个原则是一种解决问题的好办法，然而乐极生悲，故这是一把双刃剑。

漫画家布鲁斯·埃里克·卡普兰（Bruce Eric Kaplan）[2]常以"BEK"的身份出现在《纽约客》上，他在一幅作品中，将这些"告诉他们"的原则一连串地展示了出来。在漫画中，一位演讲者对着听众说："首先，我得告诉你们我将在演讲中一遍遍提及的内容。"[3]

我们也总会遇到这样的演讲者，他们把自己的叙述线索强制性地提前告诉我们，比如"首先，我想谈一下……"，然后继续第二项，比如“接下来，我要说的是……”，一个接一个，直到最后他们说“最后一点也是最重要的一点”。

更有甚者用幻灯片来操作这整个过程。如图23-1所示，他们把整个流程做成一个流程图，以告诉听众下面的内容是什么。

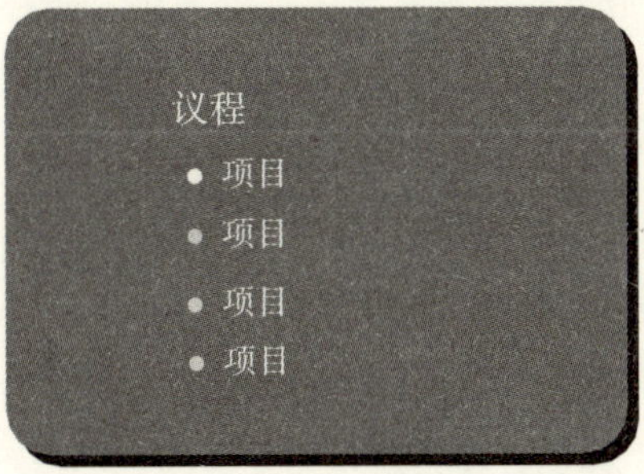

图23-1　渐进地突出议程

这种方法如果用在冗长的课上兴许还能被人接受，但如果在短小的演讲中，听众就会觉得你太低估他们的理解能力了，势必报以嘘声。

这种流程化的错误也不只是演讲者独有的。杰夫·戴尔（Geoff Dyer）是《纽约时报》的《解读生活》专栏的作者，他认为过多的这种“流程化”的方法很乏味。他在一个专题中引用了历史学家迈克尔·弗里德（Michael Fried）的话：“这种持续不断的告知，就像观看滚动新闻，如：接下来的节目是……让我们来看看下面的节目有哪些……”戴尔以这样一句话结语：“我一直在想，总编们为什么不干脆用红色的大字在他们手稿的每一页都写一句：继续！”[4]

运用“少即是多”的法则，不要总是让你的听众听到“请继续随我们关注”。无论是幻灯片设计还是演示文稿，你都要遵循这个原则。正如你反复从这本书中看到的，你需要：

- 控制你所要阐述的内容。
- 要言简意赅！

接下来，采用全局视角看一下你的演讲，把它当作一个故事板来看待。可以用微软PPT的浏览视图或者SVASIVE公司的故事板工具（见图23-2）。这个工具可以在www.powerltd.com下载。

就好像影视剧导演在故事板上纵观全局一样，你也可以远观一下你的演讲内容，看看主线。然后，再反复地、一部分一部分地大声演练。在这一过程中你也许就会发现需要修改、增减内容的部分。在重复的过程中，你可以在叙事中增加一些过渡语言。

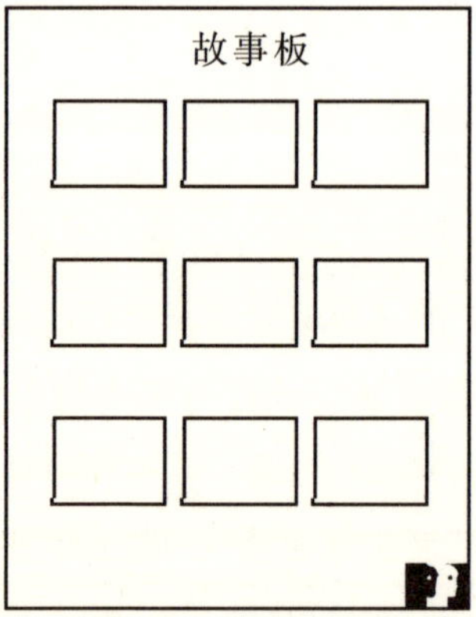

图23-2　故事板工具

最终，前面提到的三重“告诉他们”原则就会自然而然地在你的演讲中体现出来。这样你就比较容易控制和把握要讲的内容，更重要的是听众也会很容易来理解、接受。而要做到这些，并不需要你列清单，或者使用电视台那种节目预告的方式。

“请继续关注，不要走开！”

TIPS

魏斯曼
完美演讲

不要总是告诉他们你要告诉他们什么！

第24章

从第一句就牢牢吸引听众

小说家约翰·欧文（John Irving）是《盖普眼中的世界》（*The World According to Garp*）、《苹果酒屋的规则》（*The Cider House Rules*）、《新罕布什尔旅馆》（*The Hotel New Hampshire*）等畅销书的作者，他为作家和演讲者提供了很有价值的建议。当他出版个人的第13部作品《一个人》（*In One Person*）的时候，他写道："我从结局开始写作。结局通常不只是一句话，而是几句话或者几段话。我写好一个结局以后，再朝着这个结局努力去写，就好像这个结局是一支曲子一样。"[1]

演讲的最后部分通常是呼吁人们行动，同时为听众提问做铺垫。如果你也从最后开始准备你的演讲内容，那么你就能有的放矢，全力朝着最后的内容准备你之前的讲述。

欧文先生同样对如何开始演讲提出了很好的建议。已故的威廉·萨菲尔（William Safire）是著名的文学批判家、《纽约时报》长篇专题栏目《关于语言》的作家。他曾写道："欧文提出'在文章第一句就告诉读者整个故事是什么'，这对于作家而言是一个艰巨的任务。"[2]

对于从未出版过13部作品的商业人员而言，这更是个巨大的挑战。但是，如果必要的话你可以通过六七句话，用简明的步骤达到想要的效果：

- 吸引听众的注意力；
- 描述你的价值观；
- 提出你的呼吁或者号召行动。

《魏斯曼的演讲大师课1：说的艺术》的读者一定会把这当成开场白的关键步骤，通过设计好的几句话在一开始就牢牢地吸引住听众。记住，我们绝没有第二次机会去弥补第一印象的不足。

请谨记欧文先生关于"切题"的建议，明白一个设定好的结局能够给你提供明晰的线索。

欧文先生关于"强有力"的开篇的观点，也被裘帕·拉希莉（Jhumpa Lahiri）所提倡。后者是2000年"普利策小说奖"的获得者，畅销书《同名人》（*The Namesake*）的作者。她曾写道："一本书的第一句话是你与读者的握手，甚至是拥抱。"[3]

拥抱你的听众吧！

TIPS

魏斯曼完美演讲

从最后的部分开始准备你的演讲内容，并在一开始就牢牢吸引住你的听众。

第25章

为听众点明产品的市场潜力

如果你有过在嘈杂的机场候机厅、饭店或者街道接听重要电话的经历，那你一定会很认可Audience Inc这家公司所提供的办法。通过复杂的软件算法和集成电路模仿人耳，把背景噪声和人的声音分离开来，让沟通音质更清晰。

投资人都很认同Audience Inc的技术，当这家公司在2012年5月上市的时候，该技术让他们获得了316%的年均复合增长率[1]，上市的第一天就增长了12%[2]。

Audience Inc公司的投资人本身也是手机使用者，但他们更多地还是作为投资人从这项技术中受益。这家公司的CEO彼得·桑托斯（Peter Santos）在IPO路演时需要重点展示这项技术。

在介绍了这个革命性的创举之后，他用一种简单但吸引人的方式演示了这项技术是如何改善了人们在嘈杂环境中的通话质量的：他在演讲中很多地方增加了“你”这个词的使用。

> *如果你，或者是数十亿的其他手机用户希望使用宽带通话而不只是普通通话，希望视频通话而不是语音通话，希望*

通过语音输入访问地址或者搜索内容，而不是用手来敲入，而且当你身处嘈杂的环境中，在这种情况下，你一定需要更高标准的语音处理……Audience Inc公司的产品就能够解决这些问题！

桑托斯把手机用户从一个单一的“你”拓展到了众多的“你”，比如“数十亿的其他手机用户”，这就充分表明了Audience Inc公司巨大的市场潜力。不仅如此，他还把这项技术的应用领域进行了拓宽，说明它还可以被用于通话以外的很多智能手机上。

这些对于投资者来说简直是美妙的音乐，就如同高质量的通话一样，这美妙的音乐得到的是听众的欢呼声——哦耶！

对于另一家公司的CEO而言，把单一的“你”拓展为众多的“你”，可就不简单了。在IPO路演时，这家生产糖尿病药物的公司不能把潜在投资者当作众多的“你”中的一个，原因有两点：只有不到10%的人口是糖尿病患者[3]；更重要的是，如果把投资者和病症联系到一起，那自然会让人觉得很不舒服。因此，她在路演中准确地把问题描述为：仅在美国就有2580万的糖尿病患者，而这些患者都可以从他们公司的产品中受益。

在另外一家专注于微创手术器材的公司IPO路演前，我对他们公司的CEO进行了指导。我扮作一位潜在投资者。在最后一次排练中，这位CEO拿起了他们的设备，看着我说：“有了这个设备，您的伤口看起来会小很多。”我摇头说道：“我不要伤口！”他想了想说道：“您知道，如果有数以万计的手术医生希望病人的伤口小一些，那么他们都会来买我们的商品。”太棒了，他总算说对了。[①]

TIPS

魏斯曼
完美演讲

帮助你的听众计算收益，并且帮助他们增值。把单一的“你”拓展为众多的“你”，之后就等着欢呼声吧！

① 这是一个非常经典的例子，演讲者会认为，他已经讲到了产品之于听众的好处，然而这个好处是能让人买单的好处吗？IPO 路演的听众是潜在的投资人，他关注的是产品的市场空间，而这一点，才是客户真正的需求。——译者注

第26章

巧用"计数法"整合不同要素

大卫·莱特曼（David Letterman）主持CBS《深夜秀》节目已近20年了，在这段时间，他使深夜阅读"十大排行榜"[1]成为美国文化的一部分！莱特曼以滑稽的形式赢得了观众的喜爱，你也可以将他的成功模式借鉴到演讲中。

作家史蒂芬·柯维和迪帕克·乔普拉（Deepak Chopra）使用了"计数"的技巧来设计他们畅销书的内容架构，包括《高效能人士的七个习惯》、《成功的七大精神法则》（*The Seven Spiritual Laws of Success*）；著名的"政客"网站[2]经常会列举出他们最受欢迎的Top5、Top6、Top7；报纸和杂志也常常在侧边列出要点的数量；公司网站的帮助中心也会将顾客的常见问题概括出来。

在快速的、竞争激烈的商业领域，演讲内容通常是东拼西凑的。在参与演讲的所有人里面，也许只有演讲者本人才知道这些拼凑来的演示文稿到底是什么意思、相互之间是什么关系。对他们来说，"计数法”就是一种“急救术”（CPR）。[①]这可以让他们轻易地将不同要素整合到一起，使其显得清晰有序，方便自己把握，也让听众更容易理解。

埃里克·本哈默（Eric Benhamou）是3Com公司的前任总裁（该公司于2010年被惠普收购），他在一次相当复杂的情形中使用了这种方法。

本哈默应邀参加了一个由加利福尼亚—以色列联合商会（Califonia-Israel Chamber of Commence）举行的晚宴，晚宴上他需要发表一个演讲，可是举办方本身的文化背景差异就很大，想想看加利福尼亚和以色列隔着11000多公里！这个晚宴于一个周三的晚上在硅谷的圣荷西费尔蒙特（San Jose Fairmount）酒店举行。最开始是一段持续了一个多小时的鸡尾酒会。宴会厅的门一打开，几百号与会人员就冲入宴会厅和不认识的人争抢座位。在很俗套的“会议自助餐”之后，主持人给一些仅在加州当地或以色列比较知名的人士颁奖，每个获奖者都发表了获奖感言，这些发言可比那些学术性的获奖感言有趣多了。当轮到本哈默的时候，已经快九点了。

如果换作是你，这时你会说些什么？

本哈默很好地处理了这个情况。刚一开始，他就说他将分享近期

---

① 其实，很多演讲者都在使用这种方法：首先、其次，第一、第二。这样的讲法要有一个度。有些人讲着讲着就全然忘记自己讲到哪一点了，而另一部分人则一口气能够讲出十几个点。学学麦肯锡的做法：无论怎样，都只能讲三点！——译者注

到以色列出差时最重要的十个感受。每个感受都各不相关，这个是关于历史的，下一个就是关于文化的、经济的、科技的或是充满人情味的。他从一个趣事说到另一个。本哈默是一位天生的演讲家，自始至终都吸引住了他的听众。当他讲到第九个趣事的时候，听众们才开始准备撤离，而直到他讲完最后一个，大家才冲向宴会厅大门。

如果演讲内容的各部分关联性不大，那就把它们概括为数量化的几个要点，这样一来就非常容易表述了，大家把这称为“三点法”。给听众以清晰的顺序，否则他们很快就会溜掉，而不会像等待本哈默先生讲完那样。

TIPS

魏斯曼
完美演讲

“计数法”对于演讲者来说就是一种“急救术”。这可以让他们很方便地把不同要素整合到一起，使其显得清晰有序，方便自己把握，也让听众更容易理解。

第27章

融入听众信息，让演讲保鲜

> 动作要与台词同步。
>
> ——《哈姆雷特》

作为一名演讲教练，我将表演和演讲明确地划分开，尽管我个人所受的教育同时包括演讲和戏剧两方面。我之所以把它们明确分开，是因为在演讲的目标压力下我所指导的商业人士已经不堪重负了，再让他们去表演，那他们立马就会崩溃了。

毋庸置疑，我也深受戏剧教育方面的影响，而这影响主要来自威廉·吉列（William Gillette，1853—1937）给我的触动。他是一位美国演员，因成功饰演了福尔摩斯而获得声望。他曾饰演这一角色多达1300余次。没有哪个演讲者可以把同一个演讲重复1300多次，除非是那些“扫街”的业务员——他们每天都要无数次地推销产品、寻找合作伙伴或招揽投资，每一次重复都需要让听众觉得很新鲜。

吉列先生也遇到了同样的问题，他把这称为“第一次演出的错觉”。他以同样的名字出了书，书中写道：

> 演讲的精神依然存在，每次面对新的听众，你都要让他

们在听你的演讲时身临其境、感到新鲜，而不是觉得可怜巴巴地在被你灌输着什么，要让他们感觉你的演讲是活生生的生活片段。[1]

IPO路演就是一个典型的例子，在这一过程中演讲者需要一遍遍重复。将要上市的公司的高层管理团队要去路演一到两周，其间还要拜会不同城市甚至不同国家的潜在投资者（经常跨洋寻找投资者），而每天都要重复好几次相同的内容，每周总计30到40次，全部路演重复80次左右（虽然您将在第74章读到“IPO路演十大技巧”，而这些投资者聚会在某些重要的方面在不断变化着）。在那样的日程安排中，演讲者偶尔会闲扯到时下热点等不相关的话题，这会让听众觉得和自己没什么关系，同时也不信服路演内容。

投资银行家和路演的演讲者一样，经历过很多不同的路演，见识过一个又一个不同的管理团队，听他们闲扯无关的话题。他们找到了一个合适的办法解决这个“闲扯”的问题：演讲前他们设定一个不寻常的词语，让演讲者想办法把这个词加到他的内容里。这样既能让演讲者在演讲过程中保持警惕，又不会影响到作为听众的投资者。

另一种更为有效的办法是，让听众参与进来，这一点每个演讲者都可以做到。在IPO路演中，演讲者就是这样的。投行经常参加企业和投资者的会议，他们很了解企业并且会把了解的细节和演讲者分享。可惜的是，在其他演讲过程中，很少会有人用到这些细节。

每个演讲者都要学着事前了解听众。在IPO路演中，前期的投资者调研工作都已经由投行、销售团队和分析师做完了，剩下的就要由演讲者来执行了。这意味着演讲者要仔细了解每个投资方的情况：在网上搜索他们的公司信息，浏览他们最近的新闻消息，看看他们的同行或者竞争对手如何评价他们，到领英（LinkedIn）上看看他们公司要来参加你路演的管理者的背景。

然后就要充分利用这些信息，而不要浪费它们。把你搜集来的关于听众的信息武装进你的演讲内容中。还可以把这个当作一种有趣的、恰当的抬高自己身份的方法。

这是不是就意味着你需要每次都改变以往不断重复的内容？完全不是！只需要把个性化的内容加到你叙述的核心部分就可以了。在那些只是进行这一次、以后不会再重复的演讲中，你也可以这么做。这对于你将要进行的任何一次演讲同样适用。

TIPS

魏斯曼
完美演讲

要让你的第80次演讲（最后一次）和你第一次演讲一样新鲜。如果一个人来进行所有演讲，那么即使是最后一次也一定要事前再演练一遍，让它和第一次一样吸引人。

第28章

激活听众的联想

哈佛大学的案例研究方法，被人们奉为学习方法的典范。在课堂中学生们学会了如何处理真实企业中存在的问题。正如哈佛大学网站上所说的："在教授的指点下，学生们在课堂上分析潜在的问题，对比不同的方案，最终提出解决问题的方法。"[1]

其实，哈佛大学也遵循了中国先哲的训示：

> *不闻不若闻之，闻之不若见之，见之不若知之，知之不若行之。*

这并不是建议将演讲形式变成"听众互动"，因为演讲者已然这么做了——人们通过哈佛商学院那种案例学习的方式在演讲中与听众共同分析个案。专业作家可以通过详细的叙述让读者充分参与分析，可是演讲通常时间短、节奏快，故演讲者只能走捷径，直接提出："夫人，这就是事实。"

现在已经有了科学的论证来支持这种展示方式。《纽约时报》的一篇文章写道：

> 脑部扫描能显示出当人们阅读一个详细的描述时，大脑会怎样活动。大脑会展开设想并且试图和故事中的角色进行

情感的交流。研究表明，故事情节能够刺激大脑，甚至能改变我们的行为方式。[2]

这篇文章引用了埃默里大学的一项研究成果，揭示了隐喻的作用：

在实验室中，当被测试人阅读文章中的隐喻内容时，他的大脑的感觉皮层开始活跃，而这个感觉皮层是负责感触事物本质的大脑结构。

在信息技术发展的早期，“高速公路”是IT的最佳比喻，而如今最热门的比喻则是“云”；瑞士军刀是“多功能”的代名词；“低垂的果实”是现成的好机会的代名词；而李维斯为淘金热中的人们提供牛仔裤则是“市场早期进入者”的比喻。很多年前，我的一位制药公司客户把他们的皮肤修补方面的药物比作在边境上运送货物的卡车。那么，您也应该找到一个合适的事物来比喻你所要述说的内容。[①]

这篇《纽约时报》的文章还进一步引用了加拿大约克大学的一项研究，来证明案例分析学习方式的价值。研究发现：

大脑中有很多部分是用来理解内容，并且控制着个体与其他人的沟通的。讲故事能够充分地调动这部分的功能，当我们去感受故事人物的渴望和沮丧时，就能猜测他们潜在的

---

① 这里面的一个演讲技术就是，概念的图景化——让你要表达的内容具备一个能够很快产生联想的对应物。这样听众才能够以最快的速度理解。记住，在听讲的过程中，让听众的解码方式越简单越好。——译者注

动机，和他们一起面对朋友和敌人。

你可以讲述那些购买过你们的商品或服务并且对其很满意的客户的故事，可以讲述那些和你建立了双赢关系的客户的故事，也可以讲述那些通过投资你的公司而获益的投资者的故事。

当你讲述这些故事的时候，一定要从某个人的角度去展开，尽可能使用这个人的名字。因为人们希望听到生活中的真人真事。

《华尔街日报》的首页除了那些“全是数据与事实”的报道以外，每天还有一篇比较人性化的故事报道，他们把它称为A类报道。和新闻报道不同，这些故事源于我们的人性、我们的好奇心和我们的热情。[3]

无论是类比还是举例，都是为了激活听众大脑中的联想功能，进而为你的演讲增值。

在下一章，您将看到关于两个案例分析高手的故事。

TIPS

魏斯曼
完美演讲

找到一个合适的事物来比喻你要述说的内容；当你讲述这些故事的时候，一定要从某个人的角度去展开，尽可能使用这个人的名字。要想办法激活听众大脑中的联想功能，进而为你的演讲增值。

第29章

讲述富有人情味的演讲故事

任何一本关于演讲的书应该都会提到两位演讲高手：第40任和第44任美国总统，即罗纳德·里根和贝拉克·奥巴马。两个人的政见虽截然相反，但他们对于演讲却有着十分相似的共识，而这些共识值得每个演讲者学习。

两个人的说话方式不尽相同。里根先生之前是一位和蔼的中西部演员，他的演出能够赢得观众的喝彩。而奥巴马则是前常春藤联盟的律师，他那充满活力的声音和优雅的举止总能激起观众的热情。两个人都使用各自的方式和杰出的能力去讲述很人性化的故事。

里根将“讲故事”这种演讲方法推向极致。这位伟大的演讲家绝对不会错过任何机会给大家讲述一个英勇的战士或者一位勤奋的学生的故事。读过《演讲的艺术》这本书的人一定能想起，里根在1983年的国情咨文中称赞联邦雇员兰尼·斯库特尼克（Lenny Skutnik）的勇气之举。在国情咨文演讲中，他详述了兰尼的所为，当时兰尼就坐在他身边。这也为里根以后的美国总统演讲开创了先例。

奥巴马非常珍惜里根的成功先例，在其自传《无畏的希望》（*The Audacity of Hope*）中，奥巴马经常提到这位前辈：“我能理解他的呼吁。”奥巴马说里根唤醒了美国人民去“重拾传统道德观念，努力工作、爱国、负责任、乐观和忠诚等”。[1]

奥巴马对于里根的感谢，也在2010年夏威夷度假期间以一本书的方式体现了出来。假期里，媒体往往容易关注“总统在读什么书”这样的新闻。[2]而那年奥巴马读的书是《里根总统》（*President Reagan*），他读到了里根刚刚卸任后发表的一次演讲：

> 这些年来，很多批评家说我之所以能当上总统，是因为我曾经的演员经历让我很会演讲。我想这并非完全错误。因为一名演员知道两个重要的道理：“诚实做事，以及与观众保持联系。”这对于政客来说也挺有用。出于一个演员的本能，我总是对我所看到的和听到的都实话实说。[3]

也许当时奥巴马并不知道这段话对他有什么特殊意义。然而，在他回到白宫之后不久，即2011年1月8日，一个名叫贾里德·拉夫纳（Jared Lee Loughner）的精神病患者，在亚利桑那州图森市一个超市停车场举行的公众集会上，开枪射杀了众议员嘉贝丽·吉佛斯（Gabrielle Giffords）以及其他18名美国公民。悲剧发生的4天后，奥巴马飞往图森去参加亚利桑那大学举行的悼念仪式，并向遇难者家属表示慰问。

在以一段以《圣经》为内容的简单开篇之后，奥巴马开始提及每一名遇难者。他使用了简单却富有感染力的语句，把每个人的人生都描绘得很生动、很温馨，尤其是提及9岁大的克里斯蒂娜·泰勒·格林（Christina Taylor Green）时，他把这个人的人生延伸成了美国人民的典范：

> 想象一下，此时此刻想象一下，①这里曾经有一个这样的小女孩：她刚刚开始知道一点我们的民主精神；她刚刚开始理解一点公民义务；她刚刚开始意识到有一天她也要参与建设这个国家的美好未来。她被选进学生会，她认为参与公共服务是一件令人激动、充满希望的好事。她正要去见一位女议员，一位她认为很优秀、很重要，未来可能是她的榜样的人。她通过一个孩子的眼睛看到了这里发生的一切，纵使经历了那些我们成人认为是理所应当的愤世嫉俗的极端行为，她的眼睛依然明亮。我愿意为实现她的期盼而付出努力！[4]

这段话感觉是从里根风格的手册里直接借用出来的。

里根总统的前演讲稿撰写人佩吉·诺南（Peggy Noonan）确定了这一点。她写道："大概有三分之一的演讲内容是关于现实意义的。最终效果非常好，尤其是当奥巴马开始具体谈问题，谈及富有人情味的故事的时候。"[5]

TIPS

魏斯曼
完美演讲

"富有人情味儿的故事"，这应该是给演讲者一个非常不错的建议。

---

① 这是非常有用的演讲引导词，让听众随你一起想象，通过你的语言帮助他们勾勒出一个无比真实的画面。对这个画面的印象越深刻，你的演讲就越能打动人心。想想看，催眠不就是如此吗？没错，其实演讲就是一场浅度的催眠。——译者注

第30章

让演讲充满号召力

莫提默·艾德勒（Mortimer Adler），20世纪著名的教授、哲学家和《不列颠百科全书》的编辑委员会主席，同时也是一位古典文学学者。他在1983年出版的《如何说 如何听》（*How to Speak How to Listen*）一书中，描述了一份来自加州广告俱乐部的邀请：

> 他们提前和我要了演讲标题，我建议使用“亚里士多德的销售经”，我想对他们来说这可能有点“骇人听闻”。从没有任何人把亚里士多德的名字和销售员联系到一起，更没有和广告联系在一起的。[1]

同样可悲的是，很少有人把演讲和销售联系到一起。就如你在第7章看到的一样，为什么经常有观众小声嘟囔“这人到底在说什么嘛”或者“你的要点是什么”。这种问题意味着你的讲述里缺乏要点，同时也可能是演讲中缺乏“号召听众付诸行动”的内容。①

因为销售在我们的文化中不太受人待见，主动要求大家购买被视为一种不受欢迎的行为。在《销售的艺术》（*The Art of the Sale*）

① 演讲往往有三个阶段：第一个阶段，让听众说“哇”，意思就是说，让他们先关注到你；第二个阶段，让他们说“啊”，意思就是说让听众理解你的理由和事实；第三个阶段，则需要让他们说出“是”，这是所有强力演讲的共同特征，最后让听从产生行动。——译者注

中，作者菲利浦·德尔夫斯·布劳顿（Philip Delves Broughton）提及两部普利策奖获奖作品，1949年的《推销员之死》（*Death of a Salesman*）和1984年的《拜金一族》（*Glengarry Glen Ross*），他们把销售员描写为令人讨厌的人。德尔夫斯先生进而评价如今的销售员："就像牲口一样被人驱使着干活。那些高端人士认为商业活动由咨询顾问演示一下PPT就能搞定，他们瞧不起这些为公司'扫街'的销售员。"[2]

正确的办法是跳到PPT之外去清晰地整理你的要点，然后做出一个正确的"行动呼吁"，这是有效的销售和有效的演讲都必备的内容，甚至是人生中任何事都必须要有的步骤。正如《华尔街日报》前出版人戈登·克罗维茨（L. Gordon Crovitz）在对德尔夫斯作品的书评中写道：

> 我们都在参与着某种形式的销售活动。父母们把"吃蔬菜对身体好"的观点"销售"给孩子们，记者[3]把"刚刚写好的稿子"推销给总编，大学校长把"学校的需求"推销给潜在的捐赠者。①

争取订单只是成功销售中的一部分动作，销售人员还要向客户介绍产品或服务真正的好处，演讲者也同样要向听众们做到这点。无论是哪种情况，如果不能让对方了解到有什么好处，那你的推销或演讲就失败了。

① 其实人生无时无刻不在销售：销售自己的梦想，销售自己的观点。演讲，不只是销售员才需要。——译者注

让我们回到2300多年前去看亚里士多德，这位伟大的哲学家建议：如果希望演讲有说服力，演讲者必须像“三位一体”一样，让听众认可你这个人、接受你的论证、相信对他们有好处。在如今，前两者并不难做到。如今媒体对事物的好奇和反应速度之快，让行为不道德的或者做伪证的销售人员很可能再也没有机会从业。想想那些出来演讲的政客和公司高管，他们的罪行比《拜金一族》中肮脏的销售人员所做的更甚千百倍。

可惜的是，依然有人忽略这一部分。即便你仅仅学到了一点点，你也应该做到，在所有的演讲中添加关于为每个听众提供“好处”的内容。你会采用以下简单的方法：每隔几分钟就停下来，然后再以这句话重新开始，“这个之所以对您很重要……”，最终以总结产品能给消费者带来的好处为结尾。或者提个问题：“这里有哪些是关乎您的呢？”然后把“好处”一一列举。

只有这样你才能让听众付诸行动，才能最后真正成交。

TIPS

魏斯曼
完美演讲

无论是哪种情况，如果不能让对方了解到有什么好处，那你的推销或演讲就失败了。

WINNING STRATEGIES
FOR POWER
PRESENTATIONS

第二部分

设计为演讲赋能的PPT

第31章

设计让人“5秒即懂”的PPT

风险投资家维诺德·科斯拉的沟通哲学是：“你所说的和听众所理解的不见得一样。”在第19章中我们曾经提到过维诺德·科斯拉的基本沟通原则。他热衷于观察演讲中的各种细节，包括演讲所用的图表。在他25年的投行生涯中，科斯拉就像演讲教练一样参与过无数次演讲。很多演讲都在周一进行，传统上这一天是硅谷风投挑选各种创业公司项目的日子。一个又一个的创业公司来尝试，有的获得了投资，有的则一无所获。一旦某个公司被列入科斯拉的考虑范围，他就会亲自去指点这个公司的融资演讲。

对于这些公司，科斯拉应用了另一套基本原则，即5秒钟法则：科斯拉把一页幻灯片播放出来，5秒钟之后关闭，然后让那些看到的人去描述它。一页臃肿的幻灯片不会通过风投这一关，因为它违背了视觉传达的基本功能：辅助演讲。而一页简洁的幻灯片则能很快地突出重点，就像那家拥有150年历史、专门出品日历和效率手册的公司品牌一样：一目了然（AT-A-GLANCE）。[1]

通过这几项简单的原则，科斯拉把两个最重要的元素植入了演讲的图表中：“越少越好”，这一点我们经常听那些无助的听众和倒霉的演讲者提起；另外，更重要的是“人类感知要素”。无论何时，当一张图片在任何一个屏幕上展示时，每个观众的眼睛都会移动到屏幕上去接收新的信息，信息量越大，观众需要的时间越长。当看图片的时候，他们没法听你讲。可是，每到这时候，演讲者总是还在继续往下讲，这就进一步加大了听众的理解难度。这样很容易导致他们不再听下去了。

“游戏结束！”

对于这个普遍存在的问题，有个简单的对策：模仿电视新闻节目。尽管有大量精美的图片可供广播公司使用，但最终播放时人们看到的仅仅是一张配了寥寥数语的图片，这张图片往往充当了播音员所讲故事的标题。

对于演讲而言，你也可以把自己当成播音员，然后把你的PPT文档设计成只有标题作用的一页。当听众看到如此简单的PPT之后，仅仅瞟一眼就可以理解。这就是科斯拉的5秒钟原则，运用这一原则听众们将继续听你讲。

“游戏开始!”

TIPS

魏斯曼
完美演讲

你所说的不一定是别人所理解的！把PPT文档设计成只有标题的一页，让听众瞟一眼就可以理解。

第32章

使用发散思维创造更好的选择

“不要老想着把桥抬高，试着把河水降低”这句格言在建筑设计和演示图形制作方面都有应用，这两个领域的共同点是要“跳出条条框框看问题”。

合作创新研究所的成员克里斯托弗·M.巴洛（Christopher M. Barlow）博士在《创新中的高效思考》（*Thinking More Effectively about Deliberate Innovation*）[1]这篇论文中写道：“这句大家耳熟能详的格言使我产生了一种新观点：创新不是对问题的改变，而是对我们自己的改变，对自己想法的改变，这会让早已存在的解决方案清晰地出现在你的脑海里。”[2]

巴洛先生把格言中的这个问题总结为“如何让船能过得了桥的问题”，他还说：“如果我让你设计个吊桥来解决这个问题，你却说应当建一座大坝，这样关上闸门后水位降低，船就可以通过了……我要开始怀疑您是否明智，甚至怀疑您的智商了。当有些替代方案以新的视角为我们提供了解决问题的方法的时候，我们称其为创新。”他总结道：“创新过程中需要的不是简单地跳出条条框框的那种颠覆性思维，而是为人们带来创造出更好选择的发散思维。”

在中规中矩的建筑学领域就有一个创造出更好选择的例子，那就是香港环球贸易广场（ICC）的设计。这座世界著名的高楼有108层，484米高。

较高的建筑会随风轻度摇摆，设计师保罗·卡茨（Paul Katz）使用了创新的方法来缓和这种摇摆。《华尔街日报》是这样报道的：

> 多数摩天大楼采用了钟摆或者减震器来减缓这种摇摆，而卡茨把ICC整体设计成了一个减震器——在该建筑的每个侧面的交汇处采用了凹槽式的设计。它的鳞片式外表使整个建筑看起来像中国龙，这也在最大程度上分解了风力。[3]

对于演讲者来说，他们通常在严格的企业营销规范之内思考问题。而发散的思维则要更多地考虑听众。在当今社会单向的、内容过于丰富的商业演讲中，演讲者经常会忽略听众，不为他们考虑。

贾森是我的一个客户，他是硅谷一家电信公司的市场营销经理。有一次他需要为一个新产品的发布来准备一份演示幻灯片。他准备了一页结构布局图的幻灯片，各式各样的标签被塞进了一个个的方盒子（一语双关）里。每个盒子都包括两到三段文字注解。像这样每隔两三行就自动换行，让听众们更加难以阅读。

自动换行为听众的眼睛增加了额外的活动量。试个简单的办法：找一个内容里带有自动换行的文稿页，复制出来然后将其中的自动换行全部去除。然后把两个都放进文稿里，前后切换这两页来体会一下。感觉到你的眼睛在看他们时的异同了吗？

我建议贾森把标签缩成一行，他问道：“我是该把字体变小还是把方框变大？”我回答说：“不要把桥抬高，去把水位降低。”贾森会意一笑，他认识到应该把幻灯片精简一下，这样听众才能更好地理解。

这才是更好的发散思维。

TIPS

魏斯曼
完美演讲

创新过程中需要的不是简单地跳出条条框框的那种颠覆性思维，而是为人们创造出更好选择的发散思维。

第33章

小心放置你的演讲图表

乔恩·斯图尔特（Jon Stewart）是《每日秀》（*The Daily Show*）的节目主持人，他常将他所讽刺和挖苦的放在他的右侧来播放。这个位置是随意放的还是故意放的？

西方的听众总是从左至右阅读。因此根据你要展示的内容的不同，你需要设计、充实并放置你的演讲图表，这样听众们就会遵照或者违背这种从左至右的倾向。向右的运动通常产生正面的感知，向左的运动则产生负面的。

在PPT动画里，左右移动通常只有两种情形：一种是在页面与页面之间，我们称之为幻灯片切换；另一种是在幻灯片页面内部，我们称之为自定义动画。虽然在两种情况中运动的方向是一致的，但是各自的命名方法却不同。换页时的向右运动称为“向右滑动”，而自定义动画中的向右运动则被称为“从左侧滑出”。因为听众们的眼睛更适应从左至右的运动，所以把你默认的自定义动画设置成这种顺应自然规律的方式吧。

换页时的向左运动称为“向左滑动”，自定义动画中称为“从右侧滑出”。当你想传递一个负面的、否定性的信息，比如竞品的不足、商品过去有过哪些不足、行业前进的阻力等，则可以使用这种动画效果。

演讲时，无论使用大的投影仪还是小的笔记本电脑，都要确保屏幕在你的左侧（这样面对着你的听众就会看到你在左，而屏幕在右）。[①]每当播放下一页的时候，这种位置就会让听众很容易地从左至右来移动眼球，这样就总是从你开始然后移动到演示文稿。如果相反，那么听众的眼球每次都将多移动一段距离。

乔恩把他所讽刺和挖苦的人物的视频剪辑放置在他的右侧来播放，这样做的结果是，从观众的角度看过去，就要先把眼球从主持人身上移到左侧去看视频，然后再回过来看主持人。这样就增加了眼球运动的阻碍，进而增加了否定的感知。

他这么放置视频是故意的还是随意安排的？乔恩在向我们传递着什么信息吗？

用一句他经常提到的话来说：“那是必须的！”

TIPS

魏斯曼
完美演讲

图片可不是随意安排的！根据展示内容的不同，并依据“向右的移动通常产生正面感知”的规律小心设计、充实、放置你的演讲图表。

① 中国人的阅读顺序也是从左至右，这个建议对于中国的演讲者也很适用。——译者注

第34章

演讲者要与听众同步

纪录片《魔术人生》（*Make Believe*）讲述了一群十几岁的年轻人参加拉斯维加斯魔术师大赛的故事，这部影片为在演讲中如何展示图表提供了借鉴。它的核心是魔术中常用的一个手法——“误导”，即把观众的注意力吸引到一个方向，又同时在出其不意的方向上施展把戏。“误导”要基于观众眼球的条件性反射——不自觉地去看新的视图信息。

演讲者经常在无意中滥用这种反射现象，因为有一种广为流传的错误观念：如果演讲者去看他的演示文稿，那意味着他不确信自己的内容。然而，如果演讲者不去看文稿而一味看着观众，那又会让观众觉得很矛盾。眼部的条件反射功能会让他们不由自主地去看新的图片。同时，观众们还会觉得被迫来回关注演讲者。在这两种对立的冲动的驱使下，观众们会变得混乱，他们的眼睛需要快速地在演讲者和屏幕之间转换。

错误信念与神经系统上的认知之间的区别就好像商学派与电影学派观点的对立一样。商学院教学生展示那些确实的信息，而电影学院教学生理解人的感知方式。摄影师和导演们深知潜意识在心理上和生理上对观众的影响，他们运用这些富于变化的内容，通过改变排列方式等方法来创作出积极的或消极的感觉，以表达故事情节。而在演讲中，我们只想让观众有积极的感觉。

因此，作为演讲者，一旦文稿翻页，你就应该回头去看看屏幕。实际上，每次单击鼠标都要回头去看看屏幕。每次看屏幕，你的动作都会引领着听众也去看看。这样一来，演讲者和观众就能很好地同步。①

《华尔街日报》评论《魔术人生》说：“在魔术中，误导是一种好东西，这与拍电影完全不同。”[1]我也要加一句：“在演讲中，误导可是个要不得的东西。”

每当单击鼠标时，一定要去看看你的屏幕。

TIPS

魏斯曼
完美演讲

在演讲中，误导也是个要不得的东西。作为演讲者，一旦文稿翻页，你就应该回头看看屏幕，从而引领听众也去看一下，这样演讲者和听众就能很好地同步。

① 演讲者要和听众同步，这一点非常重要，事实上，如果你一直盯着听众，而听众又要看着 PPT 的话，那么他们会很自然地选择只看 PPT，这样会避免在两种信息源之间选择。在演讲者信息源不够具有魅力的时候尤为如此。所以驾驭 PPT 的方法是，引导听众什么时候去看、什么时候不看，而这就需要演讲者扮演导演的角色。需要听众观看的时候，他要带领听众观看，但是，不能一直看着屏幕，演讲者需要回过头来再和听众建立连接。你不用担心听众会一直盯着屏幕，因为别忘了，在好的演讲中，PPT 和你要讲的内容最多只有 30% 的重合。——译者注

第35章

对PPT内容要保密

自从乔治·华盛顿于1790年第一次发表国情咨文演说以来，美国总统每年都要进行这种不参照演示文稿的演说。奥巴马的第二次国情咨文演说也不例外，而这次演说给演讲界留下了很多值得借鉴的东西。

就如同他的前任们所做的，奥巴马也只是借助了演讲词提示工具，但他确实对这种每年一度的述职表现出了自己不同的见解。

2011年，仪式如往常一样开始，奥巴马穿过了装饰华丽的入口，来到了众议院大堂，和众人握手、拥抱。

当接近讲台时，他停下来向国务卿希拉里·克林顿（Hillary Clinton）致意。希拉里笑着对他说："预祝演讲成功！"

奥巴马也笑着回答说："我现在不需要进行演讲了，因为大家都已经看过了。"[1]

奥巴马所指的是，演讲的内容已经被提前泄露了。他的这句话也是对国情咨文演说的一种嘲讽，而这种情形和其他的演讲也差不多，体现了PPT的"双重功能性"。

这就是演讲文档化综合征，如今商界盛行的PPT的用途有两种：视觉传递工具和提前用来通气的方法（供大家提前了解演讲内容）。而实际上这么做不能达到上述任何一个目的。提前给演讲文稿的做法也会使演讲失去作用，因为内容早已经见报了。

你的演示文稿的唯一作用就是，在你演讲的时候辅助展示内容，但一定不要提前披露你的文稿内容。如果你的重要客户们坚持要提前看，那就给他们，但是只给概要，而且在Word里编辑出来给他们看即可。

Word和PPT是微软Office系统里的两大工具，但就像东西海岸一样，两者可谓天壤之别。①

这种双重功能性只有在你既是信息的一部分又是信息传递者，并且要两者在同一段时间内实时进行时，才能起作用。

美国总统必须亲自传递这个信息，你也一样。

TIPS

魏斯曼
完美演讲

演讲文稿的作用是辅助展示内容，提前披露会使演讲失去作用。如果你的重要客户坚持提前看，那就在Word里编辑出来给他们看概要即可。大家都看过，可就不用再演讲了！

---

① PPT最大的误用就是被当作Word。——译者注

第36章

向右的运动产生积极的感知

日本导演黑泽明在漫长而卓越的职业生涯中为电影技术开创了很多先河。这其中有很多创新甚至都可以应用在当今的演讲领域。黑泽明创造性地使用了“滑入”的表现方式，这是电影中更换场景时所使用的手法，就像屏幕中间有一幅帘正被绘制出来。

现如今镜头的快速切换已经取代了“滑入”手法，不过在演讲中这种手法依然适用。因为如果快速切换的话，会让观众觉得有点唐突、不自然。过一会儿我们再来说演讲，先来看看黑泽明在1952年执导的电影《生之欲》（*Ikiru*）中是如何利用“滑入”手法的。

《生之欲》讲的是一个死于癌症晚期的男人的故事。故事灵感来自列夫·托尔斯泰的《伊凡·伊里奇之死》（*The Death of Ivan Ilyich*）。电影《美错》（*Biutiful*）和《新手》（*Beginners*）也涉及了同样的人物故事。黑泽明在这部电影中增加了一个新的维度——社会评论功能，而且使用了“滑入”的效果来展示他的观点。

《生之欲》的主角是一名公务员，故事背景是第二次世界大战之后的日本。当时官僚主义盛行，而日本正尝试着进行变革。一群妈妈在政府门前集合提出投诉，因为在他们街区有一个污水处理池出了问题，但这个政府办公室的官员们把本该自己承担的责任推给了其他的办公室，其他的办公室又推给另一个，接下来又推给下一个……这些妈妈们一直在奔波，却找不到对口的衙门。

黑泽明用了16个蒙太奇式的镜头来切换这一系列的奔波，由一个办公室到另一个，画面“滑入”。前九个画面从左右两个方向轮流滑入，最后七个画面都是向左滑入。正如你在第33章看到的，因为观众是从左向右去看内容的，你也应该根据你所要表达的内容的不同，去设计滑入的方向。向右的运动产生积极的感知，而向左的运动则产生消极的感知。①

《生之欲》中，音场向左逐渐增强制造了一种对于官僚体制的负面感知。电影史学家史蒂芬·普林斯（Stephen Prince）提供了影片标准收藏版的评论音轨，他把这种蒙太奇的表达手法比喻成“罪犯相册一样的东西”[1]。

这留给演讲者们的经验是：如果你想传递竞争对手的负面信息，那用向左滑入的动画。如果是想传达自己公司的正面信息，则用向右滑入的动画。

---

① 适应眼球自然阅读规律的动画和行为才不会产生矛盾的逻辑。各位读者还可以注意的是，你使用手势的逻辑是站在自己的角度还是听众的角度。大部分人的手势逻辑和听众的视觉逻辑是相反的。举个例子，当你要表达昨天、今天、明天的概念的时候，你的手会自然而然地从左往右点。设想一下，如果面对听众，那他们看到的却是从右往左，这个逻辑有悖于大家的常识。所以我建议让自己反过来做，那样听众的积极认知会更加强烈。——译者注

关于速度，请记住：2010以前的所有PPT版本中，向右滑入的速度都很快且边缘整齐，制造了一种窗帘滑过屏幕的感觉。但在2010版本中，向右滑动的速度缓慢，边缘也很柔和，制造了一种渐变的效果，使得页面切换速度慢了。这并不是让你去用如今众多电影都在使用的很凌厉的剪辑方式，我们还是要将向右滑动作为首选的动画效果，只不过要把默认的一秒钟的动画时间设置成四分之一秒。

TIPS

魏斯曼
完美演讲

记住：向右的运动产生积极的感知，向左的运动则产生消极的感知。

第 37 章

在PPT中制造期待感

乍一看，电影特技和演讲没什么关系，但马特·佐勒·塞茨（Matt Zoller Seitz）写的一篇关于电影特技的文章，为演讲者提供了有用的经验。塞茨发现近期的电影技术在制造有视觉冲击力或者是令人兴奋的场景时，丧失了“连续性”这一重要因素。他在文中提到，现代电影“试图通过电脑处理的画面去使观众兴奋，并让他们对之深信不疑，且这些画面快速地切换从来不会停止”。可结果是，这些电影不能“以一个固定的视角告诉观众故事中的人物正在经历着什么”[1]。

作为鲜明的对比，塞茨引用了100年前一个人从燃烧的热气球跳入哈得孙河中的无声老电影。这部电影虽然没能保存完整，但核心镜头却被画在一张口香糖附赠卡片上。塞茨引用这部电影旨在说明：一个持续的广角镜头记录下了跳水者与热气球和哈得孙河之间的关系。如果这个镜头在如今拍摄，那么“我们很可能看到的是一连串快速闪过的镜头，而只有一个镜头能让我们看到全景”。

上述文字的关键词在于“与……的关系”。在如今的电影中，电脑动画和快速切换的镜头让故事闪过，观众草草一看，便忽视了内容上的不连续性。在如今的演讲中，演讲者很快就堆砌好了拼凑的文稿，并按照“一个接一个”的顺序讲述他们的内容，可其中的每个页面和前后页面的关系都不大。因此无论对演讲者还是对听众而言，都没有“连续性”可言。听众需要费力去想你的每页文稿和其他页之间的关系，一会儿可能就放弃，转而低头去玩自己的手机了。

解决这个问题的一种有效的办法是，在不同的文稿页间添加文字链接。另一种办法是，在文档的准备过程中利用一种名为预期空间的工具形成很好的连续性。在图37-1中，你可以看到两列方框，一列填了内容而另外一列空着，空着的方框就制造了一种“期待感”。

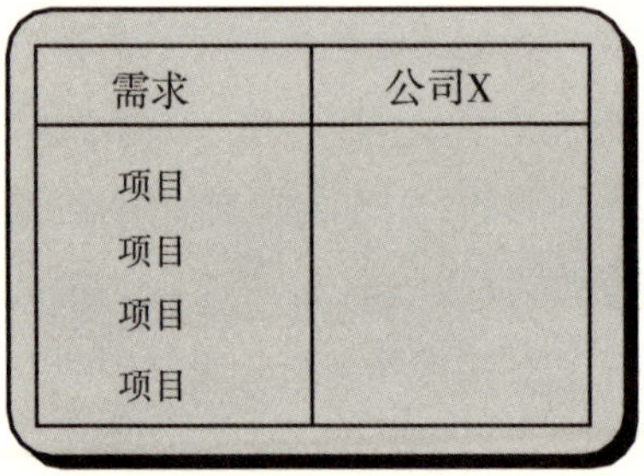

图37-1　预期空间

当空着的方框被填上了各种物品时，如同图37-2，这表示你们公司的解决方案满足了各种需求。

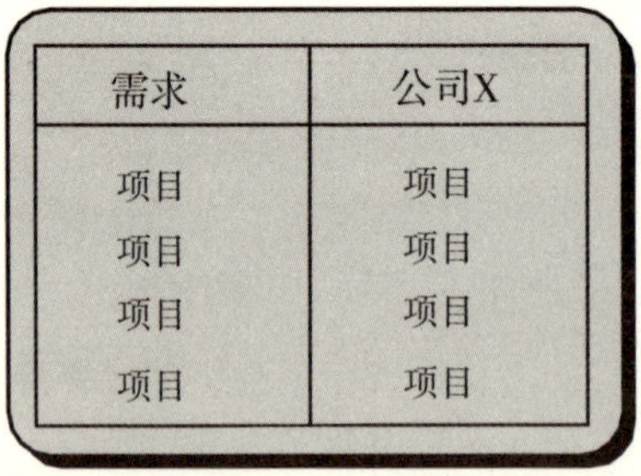

图37-2　填满预期

预期空间创造了关系网、连续性，让你的演讲内容更易于理解。如此简单的改进却会让听众从各自的手机上抬起头来继续听你的演讲。①

TIPS

魏斯曼
完美演讲

在准备演讲文稿时，可以使用一种名为预期空间的工具来让文稿内容形成很好的连续性和关系网，会让你的演讲内容更易于理解。

① 还有一种建立连接的方法，那就是在页面中使用路标元素。这就意味着，无论听众是否看到那一页，他都能很清晰地知道你在讲第几部分、一共有几个部分等框架要素。——译者注

第38章

改正对PPT的错误使用习惯

瑞士有一群自称“PPT反对派”的人，他们于2011年完成了一个明亮的红色八边形——“停止”标志。凭借这一点，他们在自2003年以来众多的PPT批判者中占据了一席之地。对于PPT的批判最早始于《连线》杂志发表的一篇文章，文章标题为《PPT是魔鬼：Power坍塌了，PPT也就崩溃了》（*PowerPoint Is Evil:Power Corrupts, PowerPoint Corrupts Absolutely*）。[1]

这篇文章的作者是爱德华·R.塔夫特（Edward R.Tufte），他是一位图表大师，同时也是耶鲁大学图形设计学名誉教授。尽管我经常挑战塔夫特的观点，但他对PPT的批判却是有增无减。我的观点是：要批评就批评书法水平，而不是毛笔。一个糟糕的演讲归根结底要怪演讲者，而不能怪演讲时使用的工具。

公平地讲，“PPT反对派”所宣扬的并非完全如其名字所暗示的那样——反对PPT。正如其网站首页所写的，这个群体的宗旨恰好支持了我的观点：

> 我们要反对的不是PPT，而是那些“PPT强迫症”。
>
> 我们所要做的就是让世上令人生厌的PPT越少越好，让平庸的文稿变得更加生动、有趣。[2]

不仅如此，反对派的呼声也得到了露西·凯拉韦（Lucy Kellaway）的回应，露西是《金融时报》“商界生活”专栏的作家，她主张：“PPT的反对派需要一次恐怖主义式的内部行动，把桌子上连接电脑和投影仪的数据线切断……或者，最好是完全禁止PPT。”[3]

而更好的方式是，改正演讲者对PPT的错误使用习惯（不要提前把内容发给观众或演讲后再把PPT留给观众）——应禁止PPT发挥除了演讲以外的任何作用，要规范和限制演示文稿的使用以更好地帮助演讲者展开叙述。

一封写给《金融时报》编辑的读者来信支持了这种观点，并回应了露西的文章。写信的人是迈克尔·鲍杜因（Michael Balduin），他是纽约的一名演讲教练：

> 在漫画书里，画面与台词对白的关系富于变化，二者不可分割。通过恰当的训练，演讲者可以利用同样的变化来创造令人难忘的、使人信服的演讲。[4]

请遵从鲍杜因先生的建议，否则你的演讲只是一幅静态的配字漫画。

TIPS

魏斯曼
完美演讲

改正演讲者对PPT的错误使用习惯，禁止PPT发挥除了演讲以外的任何作用，并将PPT与演讲结合起来。让世上令人生厌的PPT越少越好！

第39章

在图与文字之间划定界限

AA（American Apparel）、史泰博文具、诺尔家居、德国汉莎航空公司以及纽约地铁公司有一个共同点，那就是它们都使用同样一种字体：赫维提卡字体（Helvetica）。有本名为《赫维提卡与纽约地铁系统》（*Helvetica and the New York City Subway System*）的书，这本书解释了决策者选择这个字体的原因：

> 很多年来，纽约地铁里的标志五花八门，令人困惑。字体、字形、字号、形状、要素、颜色等信息太过纷繁复杂。从20世纪60年代开始，相关的改造工作就开始了，当时纽约市交通局聘请了尤尼马克国际公司来设计一套简洁、整合如一的标志系统。如今我们可以看到改造的效果：这些用赫维提卡体书写的黑底白字的标志，在地铁系统里指示着站名、方向以及指令。[1]

图39-1展示了纽约地铁里几种字母和数字的设计，这些字母和数字被设计在简单的圆形区域里，并使用了赫维提卡字体。

赫维提卡字体是一种无衬线字体，它最适合用来做标志，因为字形清晰，很容易吸引人的注意力。另外两个使用无衬线字体的常见标志是：EXIT（出口）和STOP（停止）。

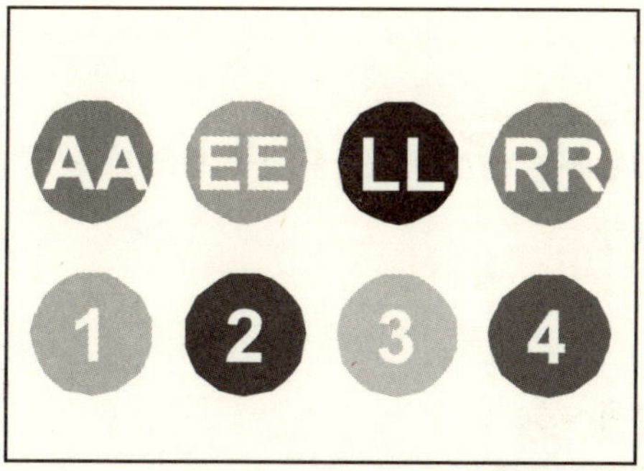

图39-1　纽约地铁列车ID

衬线字体在笔画的末端有额外的装饰，很适合印刷成文本，因为它很容易让读者的眼睛识别出具体的文字信息。印刷品中，通常都是使用衬线字体来印刷文字部分（除非是网站上，因为即便再好的电脑屏幕，其分辨率一低便难以体现出衬线字体的优势）。看看《纽约时报》或者《华尔街日报》的字体就知道了。

这里给演讲者的启示是：在图和文字间，一定要有明显的界线。如果你在编制一个文档，那么最好使用衬线字体。

而如果你在编辑演示文稿中的图表，那么则应把其中的文字当作一个标志或者一个标题，并把他们设计成无衬线字体，然后像撰写新闻标题一样来拟定文字内容。随便看看哪个报纸或杂志，你会发现它们的标题都只是些关键词，比如名词、动词或者一些修饰语，而很少使用冠词、连词或者介词，后者只是在正文中才使用。

与看文本的读者们不同的是，你的听众们不仅要去理解你所展示的，同时还要去理解你所讲述的。如果同时处理海量的信息，那他们的眼睛、耳朵和大脑都超负荷了，继而很可能放弃继续听你讲下去。

因此，不要让听众一心多用，只是简单地撰写文档里的文字，然后口述详细的内容。

TIPS

魏斯曼
完美演讲

你口述的才是演讲的内容，而你的文稿仅仅是个标题而已。[①]在图和文字间，一定要有明显的界线。

① 举个最简单的例子：乔布斯演讲时用的幻灯片。——译者注

第40章

使用吸引听众的图表设计风格

1845年，美国作家、哲学家、博物学家亨利·戴维·梭罗（Henry David Thoreau）突然觉得自己应该远离这个世界。他隐居在一个美丽的湖畔，并在隐居的两年间创作了《瓦尔登湖》（*Life in the Woods*）。他在书中写道：“大多数人都在绝望的寂静中生活。”[1]

梭罗的文字也适用于如今的商业人员：每次需要做演讲的时候，他们都好像在经历一种并不平静，甚至很绝望的生活。在众多的让他们绝望的因素中——时间压力、工作量、对失败的恐惧等，最要命的一个可能是他们自己将PPT的功能放大了——PPT不仅仅被当作演示图表，还要被当作演讲笔记提前发给听众，演讲后还得留给观众。这种“多功能”的工具会让人觉得筋疲力尽，最终在哪方面都讨不了好。

演讲者们的痛苦成就了另一批人的事业：那些专业的PPT设计师或作者们可以为这些演讲者提供服务，帮助他们创造出简单、有表现力、纯粹的演示图表。其中最好的是加尔·雷纳德（Garr Reynold）的著作《演说之禅》（*Presentation Zen*），这本书为读者提供了一些基于日本极简主义设计原则的设计理念。①

这与PPT的设计理念截然相反。那些身居其中想摒弃烦琐风格的演讲者会觉得极简主义的风格也很难达到。一方面，很多演讲者会说：“我又不是个艺术家！”（第43章中更多地谈到了这一点）另一方面，他们也会说：“我们没时间搞那一套。”

对大多数人而言，演讲中有两种常用的最基本的图表指南：“要点图”（见图40-1）和“条形图”（见图40-2）。

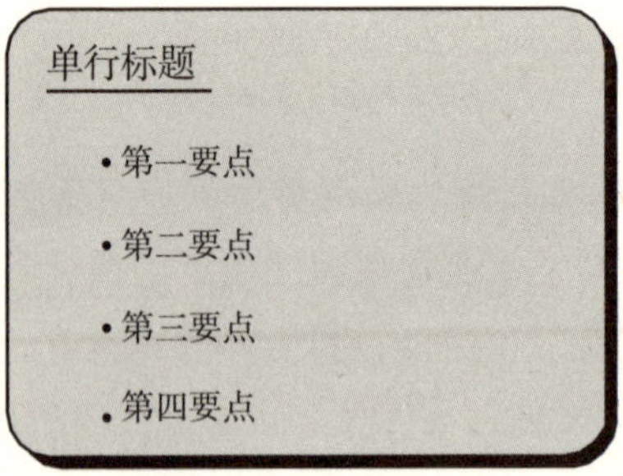

图40-1　有效的要点图

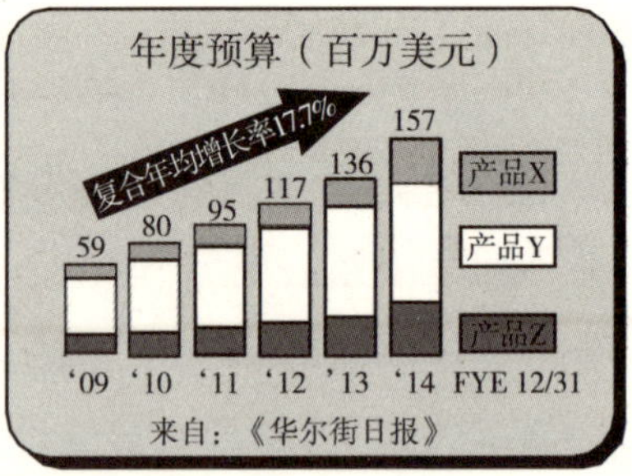

图40-2　有效的条形图

简单有效的“要点图”的指导原则可以总结为四条：

- 每行都当作一个标题，而不是一句话。
- 每条都限制在一行以内，这样可以避免自动换行。

---

① 这本书非常值得一读，另外我还推荐南希·杜瓦特（Nancy Durate）的经典著作《演说：用幻灯片说服全世界》（*Slide:ology: The Artand Science of Presentation Design*），我个人认为这两本书是PPT演示行业里面的必读教材。——译者注

- 每条的开始都使用同样的语法：动词、名词或者修饰语等。
- 使所有要素都相关，并保证图案易于识别。

简单有效的“条形图”的指导原则也可以总结为四条：

- 忽略纵坐标，把数值直接放在条形上方。
- 图例一定要使用易于识别的字体。
- 使用较大的、彩色的标签。
- 尽量简单化，以减少观众分析的时间。

或者也可以把第四条换一种说法——一种梭罗先生有可能会认可的说法：“帮助你的听众远离绝望。”

TIPS

魏斯曼
完美演讲

PPT的功能若被放大，会让人觉得筋疲力尽。利用“项目符号”与“条形图”的优点，优化图表设计风格，帮助你的听众远离绝望！

第41章

遵循“越少越好”原则

从中世纪时期开始就盛行把一个字母以较大字号的形式放在左侧上方以显示开头，这绝对是一种创举。它标志着一个文档或者文档中的一部分的开端。如今的出版印刷中我们也能看到这种首字母大写的现象，比如书中的每个章节或者报纸、杂志中文章的最开始。现在这也成为了我们浏览电脑屏幕、观看演讲投影的一种要素。

EyeTrackShop（眼球运动轨迹研究公司）是瑞典的一家创业公司，他们所从事的工作正如同他们公司的名称一样：跟踪眼球的运动，辨认人们关注哪里、关注多久，以及关注不同地方的先后顺序。[1]这家公司通过摄像头记录了浏览者观看图片时的眼部动作，然后用收集来的信息帮助广告主去创作更有效的广告，帮助网页设计师去制作更有效的网页。通过了解听众们会如何浏览广告和网页，你也可以来为演讲设计更有效的图表。

EyeTrackShop公司研究了人们是如何浏览Facebook和谷歌的页面的。《华尔街日报》报道的结果见图41-1。结果表明，在这两个个案中，用户的眼睛总是从中间最大的一栏内容开始，接着移到左侧的分类列表，然后是右侧的提示和公告。[2]

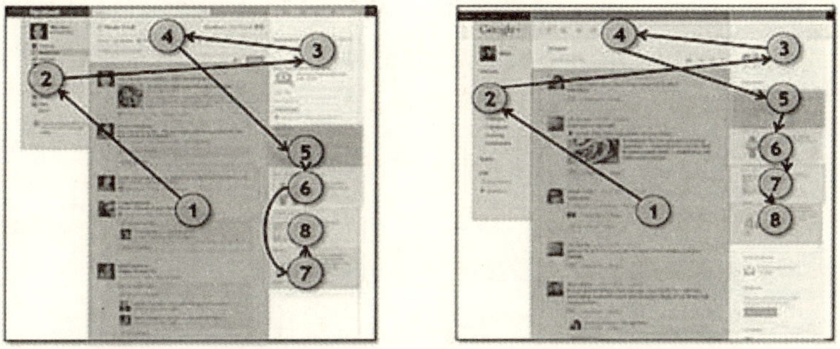

图41-1　浏览顺序

这些运动规律的原动力不是网页的影像内容，而是另外两种强大的力量：

- 教育经历。在西方文化中，人们都是从左到右进行阅读的，故而眼睛习惯于从左上方开始阅读。
- 自然属性。感光神经会驱使眼球去关注新鲜的影像内容，所以从左上方开始之后，读者的眼睛自然就会移动到右侧去看其他的内容。

结果就是，人们的眼睛实际上就和EyeTrackShop公司研究的人眼客体一样：在关注整个影像之后，眼球会移动到左上方，然后直接到右侧。同理当你单击新一页演示文稿的时候，观众们的眼睛也从投影仪左上方开始，然后移到右侧。

如果你的文稿是信息密集型的，那么观众们的眼睛在第一次向右移动的时候就不能感受到全部的信息，他们需要重新回到左侧再来一遍。信息越密集，观众们的眼睛需要重复这种左右移动的次数就越多，而这样他们听你讲话的时间就越少了。

现在你明白了吗？又回到了“越少越好”的原则，这会儿我们又给这个原则加上了一个推论：尽量减少观众们眼睛左右移动的次数！①

在以往的篇章中，我们看到这个原则被应用到了两种常见的演示文档中：要点图和条形图。请再次观看这两种演示文档的示例，然后体会一下你眼球的移动。它们一定是从左侧开始然后移向右侧的。

TIPS

魏斯曼
完美演讲

尽量设计简单有效的文稿页面吧，这样能使听众们的眼球省力一些。
将听众的眼球与大脑的运动最少化，让他们花更多的精力来听你讲话吧。

① 同样还有一个推论，即幻灯片的左上角是一个黄金区域，因而可在这一部分推出你的重点内容，以减少眼球运动的次数，让大家第一眼就看到核心要点。——译者注

第42章
一图抵千言

想想那些来自批评家、听众甚至演讲者自己对PPT的批判吧，可问题是为什么还会有人使用它呢？在PPT软件及其应用方面，可以说是骂声一片，人们常说：“被PPT给折腾死了！”

回顾历史，那些令人难忘的演讲几乎都没有用过PPT：[①]

- 西塞罗在罗马人论坛上的演说；
- 林肯的葛底斯堡演说；
- 丘吉尔的第二次世界大战集会演说；
- 马丁·路德·金的民权演说；
- 肯尼迪的就职演说；
- 里根在柏林的“推倒这面墙”演说；
- 奥巴马的“灰姑娘”主旨发言。

那么，还有人在使用PPT，这到底是为什么呢？有句格言说明了这个道理：“一图抵千言。”这句话得到了众多科学证据的支持。其中比较著名的是《视觉沟通的力量》（*The Power of Visual Communication*）。这本书里面引用了9位学者的话，总结如下：

① 或者换句话说，这些演讲本身就是PPT，因为他们传递了一个让人难忘的观点，而同时又具备了富有力量和感染力的表达。完美的PowerPoint！——译者注

近来的研究成果表明：视觉沟通比文字沟通更有效。很多例子表明，人们通过视觉来学习的效率要比通过文字方式高很多。[1]

更能说明问题的是斯蒂芬·M.柯斯林（Stephen M. Kosslyn）的观点。柯斯林是畅销书《简明扼要：完成引人注目的PPT演说的8个基本原则》（*Clear and to the Point: 8 Psychological Principles for Compelling PowerPoint Presentations*）的作者，柯斯林在一个学术研究课题中写道：

老话“一图抵千言”被实验证据很好地验证了，在很多情况和应用领域中，图表形式都能大大地提高人们感知信息的效率。[2]

在视觉表达方面的研究者汉斯·罗斯林（Hans Rosling）是瑞典药物学博士、统计学家。他的革命性图形展示方法论成为TED演讲大会①的热议话题，这也使他成了焦点。[3]千言万语也无法描述清楚他的方法，但你可以亲自去网上看看相关的视频。[4]

《纽约时报》上有一篇文章是这么描述他的方法的：

信息形象化的目的不是简单地用海量数据去形象地展

① 对每一个对于演讲感兴趣的人来说，TED 这个平台都是一个宝库。在不超过 30 分钟的时间里传递一个让人兴奋的观点不是一件容易的事情，但是 TED 上面的 1000 多个视频却做到了。这里面有太多演讲的技术和故事构建的技术值得学习。感兴趣的读者，请登录 www.ted.com。——译者注

示，而是要唤起本能的理解力，让读者觉得自己想要了解更多！[5]

这并不是让你去评论罗斯林的创造力，而是让你从他这种既简单又生动的统计数据展示方法中获得启发。[6]

更具启发意义的是他的“五个让你用气泡图做演示的建议”，尤其是第二条：

> 解释清楚横纵坐标上不同颜色、不同大小的气泡的含义，然后再去移动它们。[7]

仅仅这一句话，罗斯林博士就让演讲者们能够很好地驾驭他们所使用的精彩的图表工具了。另外，他不仅告诉了我们“为什么”，还告诉了我们“如何”去使用PPT。

当然，我们还要考虑把“什么”添加到PPT中，而这正是下一章我们要讨论的问题。

TIPS

魏斯曼
完美演讲

图表可以大大地提高人们感知信息的效率，设计好图表，一图抵千言。

第43章

用商务图表为用户带来超棒体验

作为一名演讲教练，我一如既往地努力劝诫受训对象要记住“一图抵千言”，一定要避免可怕的“照稿宣读”，但很多人辩解：“我又不是个艺术家！”

当让他们放弃惯用的文本类幻灯片，而这些人又不太情愿去尝试其他方案时，这的确有些难度。但是这也并不是说你非得去买来画家套衫、贝雷帽才能突破原有的刻板的幻灯片。

首先，使用PPT最初的也是最根本的目的，是展示你叙述的内容。一定要谨记我不断重复的那条建议：你的幻灯片不妨模仿一下电视台的新闻节目——图表只是作为你要叙述的故事的标题，只揭示故事的主旨。

然后把你的演讲标题以“信息图表”或者“数据可视化”的方式展现出来。Visual.ly是世界上最大的创意和分享信息图表的社区，他们把这种方式定义为：

> 图表信息是用来表达特定含义或者数据的图片，通常包含漂亮的表格以增加吸引力，而很多图表信息都选用了数据

> 可视化的方法。数据可视化是将数字形式的数据以视觉形式展现出来。它们可能是简单的条形图、柱状图，也可能是复杂的三维CAT模型。[1]

你可以突破平庸的表格，采用更生动的图片去展示你的内容。你有很多种方式可以把数据转化为图片形式：

- **谷歌和必应。** 每个强大的搜索引擎都可以搜索图片（当然有免费的、也有收费的）。在搜索框里输入关键词，可以得到很多的图片结果：搜索关键词的同义词，比如“牢房”“监狱”以及“教养所”，也可以得到多种类似的图片结果。另外，当你输入关键词时，每个搜索引擎都提供了下拉式的提醒词列表。“监狱”会关联出“牢房”等关键词，而每个词又都能带来更多的相关图片，一切都会帮你获得更多的资源，这就跳出了简单的搜索框的限制。
- **Visual.ly网站。** 这是一个很棒的图表资源社区网站，看看上面那些“数据可视化狂人”为我们创造了怎样的精美数据图吧。浏览网页可以看到很多富有表现力的图表作品。它们会促使你可视化、形象化地思考。网站还提供了帮助你创作图表的工具。
- **微软的PPT软件。** 这款业内权威的软件自带了很多工具，可以将枯燥的数据以形象化的形式展现出来，而这些都可以通过“插入”工具栏来实现。单击“插入”菜单可以看到很多图形的选项：表格、图片、剪贴画、照片、形状、图表和Smart Art图形。最后一项几乎为我们提供了无限多的形状、颜色、材质的选择，可以改善文稿内容的视觉感受。通过图43-1我们可以看到，那些嵌入到形状里的文字内容的效果。

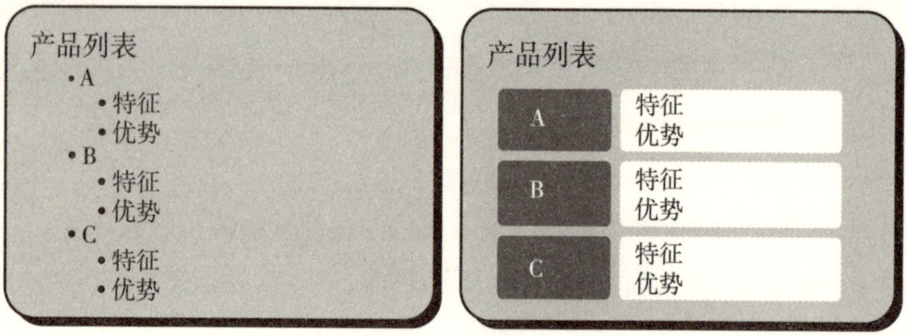

图43-1　添加视觉效果

现在，有了这些工具和选项，你已经被全副武装成一个“艺术家”了！①

TIPS

魏斯曼
完美演讲

利用搜索引擎、图片网站以及PPT软件等工具，将数据转化为图片形式，更生动地去展示你的内容。

---

① 高像素的图片是品质的保证。如果现在还在用剪贴画就未免太过时了一点。另外还有一个值得推荐的制图软件：SmartDraw，它能够帮你轻松制作各种商务类型的图表，用户体验非常好。——译者注

第44章

提前演习让演讲得心应手

田纳西·威廉斯（Tennessee Williams）是1947年普利策奖得主，他的获奖作品《欲望号街车》（*A Streetcar Named Desire*）被拍摄成电影并于1951年获得了奥斯卡奖。这一版由马龙·白兰度（Marlon Brando）主演并成为经典。剧中的人物和对白已经广为流传。其中最著名的一段对白来自主人公布兰奇·杜波依斯（Blanche Dubois）。她是个上了年纪的美女，生活上一直麻烦不断。在剧中的关键时刻，布兰奇说："我一直很信任陌生人的善意。"（I have always depended on the kindness of strangers.）

这句话非常出名，所以后来很多作者都用"the kindness of strangers"作为书名。这些书包括小说、旅游指南，以及这句台词的原创者田纳西·威廉斯于1997出版的自传。

人们大多引用了句子的后半部分，而这其实脱离了原句的意思。原句本是要表达布兰奇的无助，而只用后半句的话则重在"他人的善意"。在竞争激烈的商界，听众们偶尔会给予演讲者宽容，但那也仅仅是偶尔。

吉约姆·艾斯特加西（Guillaume Estegassy）是微软的一名销售

战略经理，他说：“我见过很多普普通通的演讲者，他们的演示文稿很糟糕、叙述也很差。于是我通常不去看他们的文稿，只是听他们讲。我假定这不是他们的错。”

像艾斯特加西这样的人绝对是少数。在这个快节奏的、宽带光纤支配的世界里，人们的注意力通常很短暂，演讲者绝对不能依靠听众的包容。①不仅仅在设计阶段，还应在预演阶段就充分预料到观众们会对他的演说做何反应。

棒球队或者橄榄球队在正式比赛前要进行表演赛，百老汇也会进行事先的选拔，新软件也要进行测试，当然你也应该提前感受一下自己的演讲——可以让同事扮作听众来配合你。在很多商业行为中，这种再明确不过的步骤，还是会被很多人忽略掉。

让我们看看德博拉·兰多（Deborah Landau）的经历，兰多负责纽约大学的创新写作项目。在发表于《华尔街日报》的一篇文章中兰多写道：“和许多作家一样，我通常也会因忙于工作而没时间去好好思考，可这种对工作的审视又是至关重要的。别人的包容是一种过于奢侈的、可遇不可求的东西。”[1]

史蒂夫·埃尔伯姆（Steve Ahlbom）是Artitudes Design公司的创意总监，这家图表设计公司位于西雅图。史蒂夫非常了解“审视的眼

① 你是不是也遇到过这样的情景：精心准备了汇报材料，可刚刚打开讲到第二张PPT，下面听讲的老板就不耐烦地说：“小张啊，这几张就不用讲了，过，你直接讲讲第五张是怎么回事。”（你还提前打印好PPT发给了老板）——译者注

光”有多重要（爆料：我个人就和这家公司以及史蒂夫合作设计过Power Presentations的网站；微软也曾和他们合作，把演讲图表的设计外包给了他们）。

在和史蒂夫一起为微软设计一个项目的时候，我为史蒂夫展示了我是如何在卓越商务演讲技巧培训课程中训练那些参加培训的演讲者的：“他们站着进行演习，我扮作他们的观众，这种训练就像预演一样。”

这给了史蒂夫一个重要提示，他说：“我们从来没那么做过。只是让设计师设计好了之后就发给对方。以后我也要让设计师先自己站着演习一遍这些他们设计好的幻灯片。”

TIPS

魏斯曼
完美演讲

站着演习几遍你自己创作的演讲内容，这样在真正重要的演讲时刻，你才会得心应手，而不用期待着听众们给予包容了！[①]

① 一点小建议，要确保你在登台演讲的时候不是第一次。多做练习，哪怕没有人听，也要真正大声地讲出来。记住：当你能够做到把空气当听众的时候，你自然可以把听众当空气。——译者注

第45章

遵循让PPT充满活力的五个步骤

演讲者们永远都要面对同一个巨大的挑战：需要展示那些充满数字的、枯燥的幻灯片，但还不能把观众给讲困倦了。这种“催眠”效应是由演讲者常犯的4种错误造成的：

- 演讲者每单击一个新页面都要说“现在我要说说……”，这使得听众们感觉一直在重新开始听你的内容。
- 演讲者通读幻灯片，这会让听众觉得自己好像在被“救济”，从而觉得厌恶。他们会想：“我自己会读！”（就想想第一次有人读东西读得你犯困的情形吧，而打那以后你就形成了一听别人念东西就犯困的习惯。）
- 演讲者只是泛泛地谈论演示文稿的内容而不是其中的细节，这让听众觉得听到的和看到的有出入，以致需要反复地核对文稿的内容以及你所说的内容，而这会让他们觉得十分混乱。
- 演讲者只是在背诵演示文稿的内容，没有任何的新意和附加价值。

因此，问题出在演讲者的叙述方式上，而不是演示文稿的设计上。当然，快刀斩乱麻地去除文稿中不相关的信息也是很有必要的。让文稿保持简洁，具有概括性。但即使是最简洁的设计也要配合着演讲者清晰和连贯的叙述。

这里提出一个解决4种常见问题的简单方案，每种问题对应一个对策，还有一个附赠的解决方案。

1．拓展标题

为了避免“重新开始”的感觉，每单击一个新页面的时候都说出一个针对标题的补充描述，这可以是一个简单的叙述。总体上概括一下整个页面的内容，包括标题和其他页面元素。如果是一个包括5条内容的融资方面的幻灯片，可以说：“现在您可以看到我们过去5年的收益情况。”如果是一个有20条内容的，你可以说：“这是我们以每年25%的速度增长的历年来的收益情况。”如果是饼状图可以说：“这里展示的是我们不同区域的收益占比情况。”

你也可以用标题拓展的方式来描述替换数字类型的幻灯片。比如一个“项目符”的页面，你可以说：“这是我们实现盈利的四个步骤。”如果是个很复杂的技术图表，那你可以说：“这是我们的整体技术架构。”

2．释义

为了避免“通读”的效果，你可以对内容加以释义、类推或者使用一些近义词。比如，如果标题是“巨大的收益增长”，那么我们可以说：“我们的收益增长速度惊人。”或者如果标题是“多重的市场驱动力”，那我们可以说：“目前有很多种源动力在帮助我们的市场成长。”如果标题是“全面的专利备案”，我们可以说：“我们在知识产权保护方面做了许多工作。”这样听众们就很快了解了内容，并且不会反感。

3．引导

为了避免让听众觉得错乱，你要用言辞去引导听众理解演示文稿上的内容。如果是个饼状图，你可以说："最大的一块是占55%的绿色部分，顺时针看去，中间段的是黄色的38%，最小的部分是蓝色的7%。"对于一个表格来说，可以这样讲："纵坐标代表速度从慢到快，横坐标代表成本从低到高。"

这不仅便于听众们理解，还有额外的好处：它无须使用指针。不知为什么，屏幕上原有的光标指针和红外线激光笔成了世界上所有演讲者都要用到的工具。演讲者们拿着这些激光笔简直就像拿着危险的武器。①而口头的引导则会让听众觉得演讲者很亲切。

4．提供附加价值

为了避免"背诵"的问题，可以通过引用一些演示文稿上没有的信息来为你的演讲增加附加值、维度以及深度，比如可以引用一些数据、例子、经典或者比喻，加入一些讨论也可以。财务状况说明中有一部分是"管理讨论和分析"。我们的演讲中也可以添加这样的主题，尤其是对于那些涉及很多数据的演讲，我们要去讨论和分析它们，而不只是朗读出这些数据。

5．附赠的建议

换页的时候可以通过串联语来实现连续性，这种方法被很多专业

---

① 你有没有被演讲者不断晃动的激光笔整晕的经历？——译者注

作家所采用。他们从前面的章节选出一个短语或一小段话，然后在下一个部分重复用一遍，这样就很好地把两部分连贯起来了。这种方法也可以应用在两个挨着的幻灯片上，比如如果你有一页名为“巨大的收益增长”而下一页是“利润增长”，当你单击到利润的页面上时，可以说：“我们可观的收益增长同时也帮我们实现了巨大的利润增幅。”或者如果有一页是“广泛的产品线”而下一页是“领先的市场份额”，当你单击到市场份额这一页时可以说：“我们的×××产品让我们获得了行业领军者的地位。”

将这种串联词的方法与传统的生搬硬套的过渡“现在我要说说”对比一下，[①]我们会发现后者毫无作用。

串联语配合着其他4种方法使用，可以使整个演讲更具逻辑性和连贯性，这会让本不相关的、零散的各种数据信息和列表看起来是一脉相承的。这也会让你那满载数据的页面产生理想的效果，让听众们能够关注和理解它们。

TIPS

魏斯曼
完美演讲

最简洁的设计也要配合着演讲者清晰和连贯的叙述，传统的生搬硬套的过渡——“现在我要说说”，毫无作用！

① 串联语要生动、巧妙，而不是“好，接下来我们再看下一张 PPT”。而这也是三流演讲者的标志：严重依赖 PPT。——译者注

WINNING STRATEGIES
FOR POWER
PRESENTATIONS

第三部分

让演讲更有力量的表达技巧

第46章

重复练习
掌握表达节奏

在过去的40年里，隶属于TechAmerica基金会的美国电子行业协会（American Electronics Association），每年都会举办一次本协会的投资金融大会，每次都有1800多个科技公司和6000多位投资人来参加。与会公司的高级行政人员每天都要重复8～10次公司推介演讲，这不仅给现有投资人提供了解最新投资消息的机会，也给潜在投资人一个了解新商机的机会。[1]

美商晶像公司是一家为电子设备、移动设备、个人电脑市场领域提供先进的交互式连接解决方案的公司，该公司首席财务官诺兰德·格兰伯里（Noland Granberry）就曾在大会上担任演讲者。在他的8场演讲中，格兰伯里先生呈现了一个不断进步的动态过程。

在不断重复美国晶像公司的推介演说后，格兰伯里先生也觉得越来越自在，不仅带来了一场场行云流水般的演讲，也展现了一个更加自信、更具权威性的公司形象。①此外，这一变化也带来了另一个好处。

---

① 企业领导人的演讲是公司品牌的重要组成部分。中国的企业家往往忽视了一个问题，领导者的演讲同样也是极佳的营销手段。马云也许就是最佳的案例。而我们看到很多公司确实花了大价钱开发布会、进行路演、搞宣讲会，硬件设施非常好，却没有想到为演讲者做点什么，所以再美的舞台也都失去了光芒。对演讲者的辅导是所有营销活动的倍增系数。——译者注

在美国电子行业协会大会上，每一场演示结束时，演讲者都会让与会者公开提问。于是大部分投资人都不可避免地会问一些尖锐的问题——他们得确保自己投资的可靠性。格兰伯里先生在那8场演讲中也回答了不少问题，但他注意到，随着时间的流逝，在他的演讲中出现的问题也渐渐变得温和起来——这和他演讲的不断进步有着直接关联。

设想一下：格兰伯里先生在8场演讲中，表达的内容都是一样的，唯一改变的只是说话的风格。他当时就体验到了重复练习带来的强大效果。“言说”是一种实战练习方式，即大声地将内容重复多遍。

可惜的是，大多数演讲者都选择避开任何形式的排练。当要排练时，他们不是含糊不清地说些“诸如此类”“等等等等”的空话，就是只谈论：“在这里，我将谈论……的问题。”这些方式都称不上“重复练习”。重复练习指的是，把排练当成真正的演讲，想象房间里就坐着真正的观众，并从“早上好，感谢你们给我这个宝贵的机会”这样一句问好开始。

这一强大却并未被人们充分利用的练习技巧能让演讲者表意清晰、掌握表达内容的节奏，从而使他们越来越有底气。如果你精心准备、练习，彻底提前进行演讲，那不仅可以使表达出来的故事更有效果，也能减少问答环节中那些咄咄逼人的问题。

TIPS

魏斯曼
完美演讲

重复练习法在格兰伯里身上起了作用，你也一定能行。你的命运就掌握在你的手中。

第47章

留白，让听众更好地理解

斯蒂芬·桑德海姆（Stephen Sondheim）是百老汇传奇作曲家、作词家，他创作的大量百老汇音乐剧为他赢得了8项托尼奖、多次格莱美奖和1次普利策奖。他将自己惊人天赋背后的秘密写进了两本惊世之作里，而这也将他的职业生涯推向了顶峰。这两本书是：

- *Finishing the Hat：Collected Lyrics（1954—1981）With Attendant Comments，Principles，Heresies，Grudges，Whines and Anecdotes；*
- *Look，I Made a Hat：Collected Lyrics (1981—2011) with Attendant Comments，Amplifications，Dogmas，Harangues，Digressions，Anecdotes and Miscellany.*

第一本书出版后，《纽约时报》请同样传奇的词曲作家、阿特·加芬克尔（Art Garfunkel）的前合作伙伴保罗·西蒙（Paul Simon）为其撰写评论。这本书和这篇评论都针对词曲提出了宝贵的建议——这笔精神财富由西蒙和桑德海姆共享，而这些建议也适用于演讲：观众如何处理听到的东西。

桑德海姆的书中讨论了歌词的押韵问题，如果押韵押得不好，那就会有这样的后果：

等耳朵弄明白唱的到底是什么后，歌手早就唱到了下一句话的中间，听的人又不得不多耗费精力，努力跟上。[1]

针对这个问题，西蒙也在评论中表达了自己的观点：

在注意力的分割、听众消化复杂歌词的时间以及将异样的形象视觉化等问题上，我也有相似的观点。复杂的歌词过后，我都试着留出一段空间——可以是纯音乐，也可是老掉牙的抒情歌词，来给耳朵一个“跟上”歌曲的机会，然后再来迎接下一个理解点，这样可以避免听众迷失。[2]

西蒙在1965年创作了名曲《寂静之声》，毋庸置疑，他也明白沉默的重要性。

这两位作曲家的观点也得到了两名爵士音乐人的回应。比波普爵士乐之父、小号演奏家迪兹·吉莱斯皮（Dizzy Gillespie）曾说过：“我这辈子都在琢磨不该演奏哪个音符。”《华尔街日报》在对中音萨克斯演奏家休斯顿·珀森（Houston Person）的介绍资料中说道：

沉默和音符一样，都是音乐的一部分。在和一个人说话时，如果你时不时地停顿一下，那这些话的重要程度就会变得差不多。你需要利用沉默来突出其他的东西，不管是音乐演奏还是说话，道理都是一样的。[3]

同样的话，第一次被说出来只是一个观点，第二次就是肯定，到了第三次则是潮流，而第四次就成了你在演讲中可以遵循的良好建议。

TIPS

魏斯曼
完美演讲

在词与词、图片与图片间拉开距离，让听众有时间去吸收你发出的信息里的观点。说话时要抑扬顿挫，词与词间要留出空隙；设计幻灯片时，必须在图片周围留白。要听大师们的话，学会停顿！[①]

① 设计上有一句非常经典的话：留白并不是废物，它是强有力的武器。学着去了解它。——译者注

第48章

克服对公共演讲的恐惧

在第12章中，我们了解到在好莱坞影片《永无止境》中，主人公通过服用药物，激发了自己的创作才能，一举攻破文思枯竭的难关。在影片开头，一篇和创造力丧失有关的文章出现在了《纽约客》杂志上。特约撰稿人达娜·古德伊尔（Dana Goodyear）为读者介绍了巴里·米歇尔斯（Barry Michels）——这个人物是真实存在的，他是一名理疗家，他从分析心理学中提炼出一套独特的方法，专门为好莱坞编剧解决文思枯竭的问题。

米歇尔斯的时薪不低于365美元。电影编剧和其他创造性人才在推介自己的观点时往往会怯场，米歇尔斯也可以帮他们克服此类问题。怯场几乎是每个演讲者都会遇到的重大问题，而怯场的现象也存在于大多数公共演讲中。好莱坞推介会就是一场公开的表演，虽然洛杉矶和华尔街隔着4828公里，但从投资方那儿渗透来的压力却是无处不在的。

米歇尔斯和他的导师——精神病专家菲尔·施图茨（Phil Stutz）协同合作，用三种方式来为客户进行治疗，这三种方式被他们称为：

- 形象化法。
- 影子练习。
- 化尘法。

古德伊尔这样描述米歇尔斯的形象化法：

> 病人须想象出一系列可怕的事情，这也是所谓“预先失望”策略……你可以想象自己向后摔倒，跌进了太阳里。在被巨大的火球吞噬之时，大喊“我愿意失去一切”，之后你将转化成一束阳光，此时可疾呼“我的力量不可估量”。[1]

米歇尔斯的形象化法与“意向引导”法完全相反。意向引导法是精神医疗专业人员使用的方法，目的是让病人产生积极的想法，并将他们的思维引导向一个放松或是理想的状态。[2]

意向引导也被运用于体育中，让运动员想象成功的时刻：赛跑选手冲过终点线，篮球运动员将篮球送入球筐，或是网球手将球打过拦网，完美落地。[3]畅销书作家提摩西·加尔韦（W.Timothy Gallwey）在其畅销书《身心合一的奇迹力量》（*The Inner Game of Tennis*）中提到了这个方法，让这个方法迅速走红。他写道：“专心致志是一门需要人精力集中的艺术。大脑将全部注意力放在一件事上，它便能静下来全力以赴地运作。”[4]

以下是古德伊尔所描述的米歇尔斯的第二个方法，影子练习：

> ……荣格这样定义人们不愿意公开的性格：“所有我们想隐藏起来、让人不悦的品质的总和，以及个人潜意识里未充分发展的功能和内容。”[5]

影子练习和形象化法一样，都比较消极。米歇尔斯的第三个概念名为化尘法，古德伊尔女士是这样描述的：

> ……假想你的观众从头到脚都被灰尘覆盖起来——“穿上了一件制作精良的、六厘米厚的灰尘大衣，想象自己走进一间阁楼里，里面的一切都被盖得好好的，那儿已经有八个月没人来过了。”[6]

化尘法听起来是不是有些耳熟？如果你有这种感觉，那是因为米歇尔斯和施图茨的创举其实是另一种方法的变体，该方法广受推荐，但乍看之下也同样愚笨、粗俗。那就是，让演讲者把在场的观众、让求职者把未来的老板想象成一丝不挂的样子。

你是不是觉察出现在的应对方法正变得日趋另类？有这种感觉的并不只是你一个人。在年度报告中，古德伊尔女士评论道：“不消多说，治疗师也并没有和更广泛的分析人群有着紧密的联系，应对方法有时也会失常，故而导致惊慌失措。”

同样，这些方法也引得《时代》周刊幽默专栏作家乔尔·斯坦（Joel Stein）一阵惊慌，他曾与施图茨讨论过他在进行公开演讲时的恐慌问题，并这样总结道：“菲尔发明的治疗方法能让人走时比来时带的问题更多，这也是我唯一听说过的能起到这种效果的方法。”[7]

米歇尔斯和施图茨的方法无疑也引起了商业人士的恐慌，原因只有一个，也很简单：他们要求终端用户运用想象法来解决真实存在的挑战。而商业人士都直截了当，他们需要直接看到结果。

演讲者为克服对公开演讲的恐惧，必须将注意力集中在付出所能带来的效果上，也就是在听到演讲后观众第一时间会做出什么反应。当进行演讲时，如果能看到观众频频点头，那你就能把手头的故事进一步推进下去；但是，如果你看到的是紧皱的眉头、疑惑的表情，那你就得赶快停下，调整内容，澄清、解释刚刚说过的东西。简单的举动也会得到大家的认同，一眼就能看到的现场反应将减少你对失败的恐惧。说到底，怯场的情绪也是由这种恐惧带来的。①

演讲时，你看到的最后一个画面应该是观众在点头，而非太阳的形象、阴影的存在，或是灰尘做成的大衣。你唯一想象的画面应该是，光亮的灯泡在那些晃动的脑袋上一一灭掉，观众像唱歌一样纷纷给出回应：“哇！”

TIPS

魏斯曼
完美演讲

找到问题的根源并且主动改变，在内心大声呐喊：“你们就等着瞧好吧！”

---

① 准备演讲需要积极的心理暗示、积极的心理状态。其实紧张没有办法完全消除，即便你已经身经百战。但是演讲大师有一个最好的办法，那就是用积极的心态应对。其实紧张有另外一个作用，适当的紧张会让你兴奋，从而调整出更好的状态。你要学会看到这一点，利用这一点。——译者注

第49章

把握演讲技巧中的解构与整合

游泳课上，教练将不同技巧分解，分别在进阶课程上教授。第一课的上课地点就在游泳池边，新手们分别学习摆臂和踢腿动作。

接下来，新手进入泳池浅水区，依然分开练习手臂和腿部的动作，但此时还得借助训练器材——救生衣、踢水板以及水扶梯，以精进技巧。当训练过程继续时，新手就会将器材放在一旁，开始游泳实战。先在浅水区练习，慢慢地移向深水区，最后可以放心地在湖或者海里畅游。教游泳的要素就在于解构基础动作，再循序渐进地进行技术整合。这样的方式适用于游泳和所有体育项目，也同样适用于学习演讲。

和游泳教练教游泳的方式很像，在我们公司的卓越商务演讲技巧培训课程中，我们也以循序渐进的方式教授演讲技巧，而这一方法也可以为演讲者的故事制造出其不意的效果。

在演讲技巧训练课中，我们先丢开幻灯片进行过程解构，这样做有两个原因：

- 降低练习的复杂性（就像刚开始在地上进行游泳课一样）。

- 加强演讲者对幻灯片的重视。

游泳需要进行重复练习，我们也会让参与者将一段简短的演讲重复多次。演讲者会得到让人意外的收益：演说技巧得到提高，叙述衔接愈发纯熟。原因有二：

- 重复练习（第46章提到了这一练习方法），即“一天8场演讲”，以让演讲者对内容驾轻就熟，语言也更加流畅。
- 演讲者摆脱幻灯片的束缚后，能将注意力更多地集中于故事本身。

如今，幻灯片被人们广泛运用，但却没有起到辅助的作用，反而妨碍了演讲者。人们设计出来的幻灯片普遍过于复杂，演讲者要么被迫匆匆播放一遍，要么逐字逐句地朗读上面的内容，而这也是最糟糕的情况。当每张幻灯片都可拿出来单独讨论，彼此之间并没有紧密的联系时，演讲者的叙述便会变得支离破碎。当我们在练习中排除使用幻灯片后，演讲者就把全部精力放在故事本身、故事连接点和营造一条清晰的故事叙述线上了。

当然，我们这里并非建议演讲者完全不用幻灯片。如今PPT软件在商业社会中被广泛运用，如果完全不用，那未免太过莽撞。最好的做法是，使用设计简单的幻灯片，目的只是为了辅助你的故事叙述。

在训练课程中，就像把游泳新手放进水里一样，我们最后还是会重新启用幻灯片。在每个技巧分开练习完毕后，演讲者就可以整合全部技巧，来呈现一场激动人心的演说了。

以下是帮助提高演讲水平的解构、整合过程：

- 首先，提出一个清晰、逻辑性强的故事。
- 接着设计幻灯片，以辅助叙述故事。
- 将故事和幻灯片结合在一起，口头进行一次完整的演讲。但这次要坐在电脑前，避免自己去想有关眼神交流、手势、姿势和声音的问题。
- 再进行一次完整的练习。站在空无一人的会议室里，对着空椅子做演说，想象上面坐满了观众。这次，集中练习眼神交流、手势、姿势和声音。
- 穿上正装，对着同事或朋友进行一次练习，将所有技巧全部运用上。
- 站上台去，就像鱼儿入水一般自由地展现你的演讲。

TIPS

魏斯曼
完美演讲

在演讲技巧培训课程中，我们先进行过程解构：首先丢开幻灯片，之后对演讲内容进行重复练习，最后还是会重新启用幻灯片。

第50章
收起孩子气的讲话方式

《圣经》里被引用最多的内容是："当我是个孩子时，我说话像孩子，理解东西像孩子，心思也像个孩子；成人后，孩子的事就被悉数忘记。"[1]

可惜，大多数人并没有遵循《圣经》的教诲：他们成人以后，说话却依然像个孩子。他们总在演讲中插入诸如"好像""你知道"之类的话，破坏了演讲效果。但伤害力最大且被人用得最多的还要数那种儿歌式的讲话方式。他们的陈述句的结尾往往是一个升调，好像在问一个问题，而非做一个陈述。这就是升调讲话方式，也可以称为"八卦女孩"讲话方式。[2]

泰勒·马里（Taylor Mali）是一位朗诵演员、配音艺术家兼诗人，他用一首巧妙的诗总结了这种孩子气的、幼稚的讲话方式，诗名是《完全不知所谓，你知道吗？》（*Totally like whatever, you know?*），第一节内容如下：

> 以免你没注意到，现在说话时一下就知道自己在说什么的语气已经没那么酷了？或是坚定地相信你说的话？疑问式的腔调和插入语（你知道吗）已经潜入每句话的结尾？就算那些句子根本就不是，嗯……问句？你明白吗？[3]

马里的诗被改编成了一段同样巧妙的短片——《印刷术》，其制作人是龙尼·布鲁斯（Ronnie Bruce）。在短片中，视觉艺术家用活泼的字体打出了马里的词。马里先生也用个人朗诵为每句末尾加上一个“疑问式的腔调”，完美地表现了他深恶痛绝的升调。[4]

这种“八卦女孩”讲话方式的解药就是，在每句结束时，降低声调——口语中每个短语结束时都是这样，以此清晰地表达每个短语暗含的逻辑性。降低声调、区分短语，可以给演讲营造出干净、利落和成人式的抑扬顿挫。

演讲中的抑扬顿挫就像音乐里的节奏。想想贝多芬著名的《第五交响曲》里的主旋律，和那举世闻名的三短音、一长音：①

啷–啷–啷–嘣。

从庄严的贝多芬的音乐到日常生活，想想世人皆知的“磨剪子嘞——抢菜刀——”的叫卖词。像这样的节奏片段通常无须词语表达，光是在门上敲五下短音，再加上两下长音：“啷–啷–啷–啷–啷，嘣–嘣。”人们也能对其心领神会。

试着用指关节在桌子上敲下五个短音：

啷–啷–啷–啷–啷……

① 这是不是就是我们常说的掷地有声？其实很多时候，你讲了什么不重要，重要的是你怎么去讲。要让你的听众相信你，你的语言就要更加的专业和权威，你的声音更是如此。——译者注

听起来并不完整，是吗？再来两下，才能让这个音乐节奏完整，就像演讲时最后要降低声调一样。

读者一定对这一技巧很熟悉，这就是“构成完整弧线”技巧。弧线指的是短语的逻辑性，降低声调就能让整条弧线完整，就好像在你的言语中加入了最后的“嘣–嘣”两下——收起那孩子气的讲话方式吧。

TIPS

魏斯曼
完美演讲

在每句结束时，降低声调，以此清晰地表达每个短语暗含的逻辑性，收起那孩子气的讲话方式吧。

第51章

用手势消除与听众间的隔阂

过去的20多年里，我一直都在从事演讲指导工作。人们问我最多的问题是（最近变了，问得最多的问题见第54章）：

“我的手该往哪儿放？”

答案是用手来帮助语言的表达。答案很简单，但如果指导老师或是演讲者试图设计出类似舞蹈动作的手势，那就会起到反效果。舞蹈般的手势会让演讲者觉得自己变成了表演者，反而加重了他们的负担，就像让他们同时摸头、拍肚子一般。

关于尼克松（在和肯尼迪的历史性总统大选辩论结束后，他被人们永久地认定为是一名肢体僵硬的糟糕演讲者）有一个故事（作者不明）说，他的演讲稿的边页都写上了应做的手势，但故事又说，尼克松先生的手势大大落后于演讲的速度。

他先说一个“二”，片刻后才竖起两根手指，这情况真让人尴尬极了。

舞蹈动作般的手势也与小时候母亲和老师的教诲相左：“说话时手不要乱舞！”

然而从我们的穴居祖先开始——甚至可能更早，说话带手势就成了人们交流的一部分。马特·里德利（Matt Ridley）的一篇文章刊登在《华尔街日报》上，文中这样写道：

> ……我们人类始祖言语有限，说话内容只有吼叫、尖叫和嚎叫，但肢体语言，比如打手势、耸肩、皱眉，却更为丰富、更为精妙。灵长类动物学家弗兰斯·德瓦尔（Frans de Waal）认为，猿类动物（特别是倭黑猩猩）对肢体语言的使用胜过声音，因为肢体语言的表达更为自由、灵活。[1]

另一位灵长类动物学家理查德·伯恩（Richard Byrne）认为，大猩猩有一大套完整的肢体语言，用于在野外表达精准的含义。而非洲黑猩猩学习手势符号的能力也远远大于学习声音符号的能力。

母亲和老师们的教诲自有道理，但若想更好地"表达精准的意思"，你还得加上恰当的肢体语言才行。

但到底该怎么做才能避免做作的表演成分呢？答案就是，让你的手顺其自然地动，不要像设计好的跳舞动作一样乱舞。

在此，我向大家特别推荐一个动作，你可将其融入到其他自然的动作中。做这样一个推荐，一定有我充足的理由。

当走到讲台上开始演讲时，你和目标观众之间便存在着一种隔阂。作为与听众沟通的演讲者，你的任务就是消除这种隔阂。就像AT&T公司著名的口号说的那样："伸出手。"

人们伸出手后，一般要与他人握手。握手是人类交流开始的普遍象征。这个动作于中世纪时演化成社交习惯。本该用来握剑或匕首的右手不握一物伸向前，代表了这个人没有携带武器。摊开手表示“我是为了和平而来”。人类将这个动作重复了500多年，因此更加巩固了它在现代文化中传达的意义。那我们什么时候该伸手呢？我始终推崇的演讲中的首要原则是：每一场演讲都是人与人之间不间断的对话。

因此，不管什么时候开始演讲，你都要和每个个体听众进行交流。当你和一个人说话时，要用指示人称“你”（或“您”），每次说到“你”这个词的时候，手和胳膊的动作要跟上去——伸出手去。①

- “让我向你展示一下……”
- “我为什么要告诉你这个？”
- “你明白我的意思了吗？”
- “对你来说这意味着什么？”

TIPS

魏斯曼
完美演讲

让你的手顺其自然地动，不要像设计好的跳舞动作一样乱舞。每次说到“你”这个词的时候，手和胳膊的动作要跟上去——伸出手去！

① 摊开手不是一件难事。每一次的演讲都是一个个不同的、一对一对话的集合，用手势架起这种人与人的连接。——译者注

第52章

自然的手势表达胜于一切

第51章提供了关于手势的建议：要利用手和胳膊辅助重复练习，靠近观众，做出含义和握手差不多的动作。但对于这个建议，有个人的看法正好相反。这个人不是别人，正是伟大的沟通者：罗纳德·里根。

在里根的政治生涯中，他几乎未使用过任何肢体语言。

一部名为《罗纳德·里根：伟大的沟通者》的DVD影片收纳了他在出任总统的8年期间，100多次出现在公共场合的短片。在这些剪辑短片中，他只大幅使用过一次手和胳膊。[1]1964年，在一次全国政治场合中，里根做了一次长达30分钟的演讲——提名巴里·戈德华特（Barry Goldwater）竞选总统一职。只此一次，他抬起了胳膊。[2]

早在演讲风格形成时期，里根就开始采用不使用肢体语言的风格了。在演员生涯结束和政治生涯开始的阶段（开始担任加利福尼亚州州长），他曾在通用电气公司担任过发言人。这个职位给了他很多在公共场合发表演说的机会。

他曾在通用电气剧场做过主持人，当时主持的是电视系列节目。

1954年在某一集节目中，在舞台灯光环绕下，他站在电影工作室的白墙前做完了介绍。他穿着剪裁精良的粗花呢外套，胸前口袋塞着一块整洁的手帕，右手撑在舞台灯光设备上，左手插在裤子口袋里。在整个介绍过程中，他的胳膊一次都没动过。

你可以将这种风格简单总结为："妈妈，快看，这人没手！"但这种僵硬的风格却很适用于里根，并在他身上创造了奇迹。换成是你，也能起到同样的作用吗？

亘古不变的答案是，你觉得怎么做自如就怎么做。相反，不自然的做法是，你将手势动作当成一种舞台表演。

另一种表演的方式是将手的使用分成两类阵营，即"新闻播报员与天气预报员"。我们从电视新闻节目中知道，新闻播报员总是稳稳地坐在桌前，很少使用手；而天气预报员必须大幅度挥动手，指点地图上的天气模式。这种区分类似于罗纳德·里根的"无手"风格对阵"用手势来辅助演说"的风格。但到了表演环境下，两种风格都是可以的。

鉴于你现在正在阅读这本书，所以你既不可能是表演者，也不可能是即将参加角色试镜、面对演技评估的演员。毫无疑问，你是因自己的专业背景和面试时展现的独特品质被聘用的，而这里的独特品质，就是你自己的自然风格。

至于你的手势问题，听从欧文·伯林（Irving Berlin）的经典音乐剧

《飞燕金枪》[3]（*Annie Get Your Gun*）里的歌词吧：“顺其自然。”①

TIPS

魏斯曼
完美演讲

别把手势当成舞台表演，你觉得怎么做自如就怎么做。

① 非常赞同！没有固定的手势，顺其自然才是最好的做法。当你放松下来试图真正与听众建立连接的时候，手势水到渠成。——译者注

第53章

放慢语速，更好地表达观点

我在中学和大学上了几堂法语和意大利语课程，接着在语言学校待了一阵，又去法国和意大利旅游了不少次，本身掌握的语言已经可以在他们的饭店、酒店和商店生存了，但要和别人进行彻底完整的对话还不够。不过我对法国和意大利电影有着独特的品味，我的个人电影推荐主页上也有很多这类电影。

当然了，我在看电影时极其依赖字幕。字幕一变，我的眼睛就会不由自主地溜到屏幕下方。我在看字幕时，间或能听懂几个单词。不过演员都是地道的本土人，他们说话速度很快，我根本跟不上——除了句子末尾的那几个词。

这里就暗含着所有演讲者都需要学习的东西。每当演员、公众演说家、牧师和正在对话的人把话说到句末时，他们都会停顿一下。这段停顿给听众一些时间来吸收之前听到的内容。当演讲者站在听众面前时，整个场面带来的压力让会他非常紧张，肾上腺素急剧分泌，语速不由自主地加快，该停顿的地方也没有停顿。①

① 如果你在台下是一倍的语速，那么在台上很有可能就是 2 ~ 3 倍的语速。因为你迫切希望赶紧卸下包袱，赶快讲完。而当你的大脑没办法支持这个速度的时候，断片是必然的结果。——译者注

从伍迪·艾伦的所有影片中，你都会看到压力给说话节奏带来的影响。他在电影中的大多数角色也是他自身公众形象的折射——神经过敏、极为焦虑，陷在相当复杂的处境中。

随着剧情的推进，主角的语速也在加快——快得就像开在大道上的法拉利跑车。这一现象出现在伍迪·艾伦的电影里很有意思，但若出现在现实生活中，就足以毁掉一次演讲。因为飞快的语速不仅会让演讲者越来越着急，还会篡改说辞。说话人的母语如果不是英语，却不得不用英语来做演讲，或听众的母语并非英语，那篡改说辞的现象会愈发严重。[①]

这儿我们要把从外国电影中学到的东西全部教给大家。专业演员注重说话的抑扬顿挫，这种专注程度不亚于他们对语气的重视。因此当优秀的演员结束一句话时，他们都会停顿一下，以突出话中的含义。演讲者并非演员，但意思的表达也有赖于逻辑合理的词句。不论母语为何，演讲者如果在句末给观众一段空白，就能帮助他们更好地吸收想表达的观点。

我曾聆听过泽威尔·马丁（Xavier Martin）的演讲，他是全球通信设备提供商阿尔卡特朗讯公司（Alcatel-Lucent）的副总裁。马丁先

---

① 对于这个问题，我的看法是：

A. 使用英文，简单、明了。

B. 使用清晰的套路，即便语法有问题，仍然可以从套路上找到理解的突破口。举例来说，当你使用如下 4 个词：Situation、Target、Actions、Result，来讲解一个项目时，即便你英文差到只能蹦单词，也丝毫不影响他人对你内容的理解。

C. 放慢语速，降低口音带来的压力。——译者注

生是法国人，演讲开始时他的语速疾如赛马出栏。刚开始我听见他说“zee ontairpreez”，并没有明白他在说什么。可到了后来，他渐渐平稳，说话有了停顿（也可以说是在换气呼吸），并把之前的话重复了一遍。那时我才明白他说的是“the enterprise”。

TIPS

魏斯曼
完美演讲

向外国电影学习，向可口可乐的经典广告语学习：“停下来，享受清新一刻。”

第54章

从自己做起，治愈“手机控”

在第51章我曾提到，作为一名演讲训练者，我被问及最多的问题是“我的手该往哪儿放”，但最近情况变了。

近来，问题变成了：“你怎么应对拿着手机不放的听众？”许多忧心忡忡的演讲者将这个现象称为“手机控”。更严重的是，这些演讲者在自己当听众的时候，也会掏出手机犯同样的毛病。“手机控”传染性极强，感染的人也越来越多。

老实说，我也没想出解决方法来。我把自己知道的全部方法都试了一遍——意味深长地暂停讲话、目光严厉地看向听众、抛出或煽动性极强或冒着傻气的问题、提出礼貌的请求、强行要求大家收起手机、轻轻捅一捅玩手机的人、色厉内荏地让他们别玩了，甚至还会拿出我的手机示意大家跟着我一起关掉……招数用尽，毫无用处。手机控依然顽固地存在着。

因此，我换了个角度来解决这个问题。与其徒劳地折磨演讲者，不如撒下一张更大的网：建议所有人一起来克服手机控，躲开那亮亮的液晶屏对人产生的近似催眠效果一样的诱惑。其实你也知道自己深陷其中——就承认了吧，我希望我能帮助你们——哪怕只是一点，在我的帮助下你的大脑也会清醒些许，从而让自己变成一个注意力集中的听众。

注意力集中对职业作家来说至关重要，他们也会被利弊兼有的网络分心。他们利用网络搜寻材料，搜着搜着就被次要信息吸引，导致思路被打断。《纽约时报》刊登了旅行作家托尼·佩罗蒂提（Tony Perrottet）的一篇书评，他描述了自己在网上流连忘返、大费时间的搜索过程，并告诉大家在文学圈里有这个毛病的并非他一人："我认识的所有人都承认自身存在被多种信息分心的现象。"佩罗蒂提进一步指出，有的作家"采取行动来控制自己"，例如畅销小说《修正》（*The Corrections*）的作者乔纳森·弗兰岑（Jonathan Franzen），在撰写这本书时，他"戴着耳塞、耳罩，蒙上眼，把自己关在一间昏暗的屋子里，还用强力胶把网络接口堵上了"。[1]

这些方法很极端，但还是不如罗尔夫·多贝里（Rolf Dobelli）的极端。多贝里是推动"益得书摘"（www.getabstract.com）成立的主要创始人。该网站是经管类书籍文摘网站，很受大众欢迎。①多贝里本人也是一名作家，他在网上发表了一篇名为《避开新闻》（*Avoid News*）的文章，向大家推荐了快速戒掉坏习惯的方法：

> 尽量让获得新闻的途径变难：删除手机上的新闻类应用程序；卖掉电视；取消订购的报纸；不要去拿放在机场、火车站里的报纸和杂志；不要把浏览器默认首页设置为新闻网

① 这个网站的最大特点就是，把全世界最棒的经济管理类书籍通过5页纸的文摘展现出来，而且可以生成不同的学习计划，非常适用于碎片化时代的学习。——译者注

站；选一个一成不变的网站，越无趣越好；删除保存在浏览器里的新闻站点；桌面上的新闻小程序也统统清除掉。[2]

多贝里的做法固然令人敬佩，却也很不现实。自亚当被造出来之后，人类就无法抵制诱惑，自然也无法快速戒掉坏习惯。要不畅销书的清单上怎么会有那么多教人节食的书？

想要戒掉“手机控”，更实际的做法是遵循现有的解决物质依赖症的方法：慢慢来。佩罗蒂提先生教其他作家使用一个名为“自由”的电脑程序，这个程序可关闭网络连接，时间最长为8小时。[3]这种做法就和飞行时乘客关闭移动设备的道理一样，都是在有限的时间内实施控制。

这是开始自我控制的第一步。但如果你总是没法控制自我，那只好寄希望于你的下一批听众，也许他们会把眼睛从手机上挪开集中注意力看着你。

TIPS

魏斯曼
完美演讲

在有限的时间内控制自我，慢慢克服“手机控”。试试看吧，说不定能奏效呢！

第55章

通过眼神接触散发魅力

- “我喜欢那个人，他会直接看人的眼睛！”
- “我不喜欢那个人，他的眼神躲躲闪闪的！”

这两句耳熟能详的话描述了两种截然不同的眼神交流，这是一种最基本的人际交往方式。但大家不知道的是，有效的眼神交流还能起到一个不为人知却相当重要的作用：让说话者放松。

对你以及其他演讲者而言，一旦站到观众面前，整个局面给人带来的压力会加剧肾上腺素的分泌，促使你们把身体调整到或战或逃的状态，而眼神最易流露出这种心理状态。你会用眼睛不停扫视整个房间，寻找逃跑路线。

听众看到你的眼睛快速移动，会觉得你看起来鬼鬼祟祟的，而他们也会感到不安。当觉察到听众不安后，你的压力倍增，肾上腺素分泌更加剧烈，眼睛便动得更快……这是一个恶性循环。

情况越来越糟。

扫视全场时，你的眼睛收集了许多视觉信息。这些信息必须由大脑处理，压力自然会增加，肾上腺素也会跟着分泌，眼睛的移动速度更快。眼睛动得越快，吸收的信息越多……恶性循环就此形成。

与其扫视全场，不如一直看着观众席上的某一个人，直到他也在注视着你。这个简单的方法减少了你的眼球动作。这个方法的名称是“眼神接触”，它比“目光交流”更加具体。通过眼神接触，你能和观众席上的所有人全面互动。大多数演讲者都通过扫视全场的方式来和观众进行眼神交流，比较一下两个方法的区别。在进行眼神接触时，要一直看着某一位目标观众，直到他也回视你，直到你们俩建立起联系。

眼神接触既减少了移动眼球的频率，也减少了大脑需要处理的视觉信息量。信息量减少，压力也减少了，肾上腺素的分泌也跟着骤减，整个人就会放松许多。

眼球移动的减少会让人变得镇定，这一点和潜水有相似之处。卡琳·斯科特（Karyn Scott）是思科公司的企业市场营销总监，她的另一个身份是认证潜水教练。她说，她在水下看到刚学习潜水的人惊慌失措时，都会游到那人身边，做手势——竖起两根手指，迅速指指那人眼睛，再指指自己的眼睛，以示意那个人看着自己的眼睛。那个人的眼睛一旦停止乱扫视，恐慌也会跟着停止，潜水调节器里冒出气泡的频率也会慢慢降低。眼神接触产生的作用如此强大，甚至胜过言语。

澳大利亚潜水大师布鲁斯·伊利夫（Bruce Iliff）的方法和斯科特女士略有不同。他认为，如果潜水者想控制住恐慌情绪，最好“看向水面。在离水面还有二十米时，人会觉得水面与自己几乎触手可及，这个错觉会让人舒服许多”。[1]

其实伊利夫和斯科特的方法从本质上来说都差不多，演讲时也可拿来使用。你只需看向观众席上某人的眼睛，一直看到那人回视你为止。这个方法很简单，效果却极佳。它不仅能迅速降低眼球移动的速度，拉长你和听众接触的时间，还会让你镇定下来。

TIPS

魏斯曼完美演讲

在演讲时，与听众进行眼神接触。一直看着某位目标听众，直到他也回视你，从而减少眼球移动，使你镇定下来。这就是眼神接触的魅力。

第56章

让声音如歌唱般吸引听众

传奇低音歌手弗兰克·辛纳屈（Frank Sinatra）有多个昵称，其中最为人熟知的就是“金嗓子”，这是因为他的声音浑厚、举世无双，并且能引起人们的共鸣。“金嗓子”精心照料他的美妙声音，以让自己的声音保持在最佳状态。辛纳屈采用了一个标准方法——这个方法也被所有的职业歌手、播音员、演员、解说员和其他靠声音为生的人采用，那就是在录歌时必须站着。

看一下歌手们在录音棚拍的照片，你会发现他们都笔挺地站在隔音棚里，面前支着一个话筒；活页乐谱放在一个台子上，与眼睛齐平。对所有商业人士来说，这也是一个宝贵的经验——他们要在网上、电话前，尤其是扩音器前进行演讲时，也可以这么做。

所有人——包括我们谈论的重点对象演讲者坐着对电话、扩音器讲话时，身体会自然前倾、肩膀隆起、肺部收缩，这样会减少空气供给量。身体前倾还会让人缩起下巴，压抑喉咙，进一步减少空气供给量。而如果站直身体，肺部就会充满空气，下巴也会抬起，喉咙打开，从而使空气更顺畅地通过气管。①

常需要在网上讲话的商业人士也采取了这个方法。威尔·弗拉什（Will Flash）是微软公司管理内部工作室——以前是微软网络会议平台（前身为即时通信，现更名为“Lync”）[1]的广播主持人。这个职位要求他每天在线做好几次演讲。每次弗拉什都会站起来，按一下自动办公桌上的按钮，让桌面升高。在这一瞬间，他就把专业的录音棚“搬”到了自己面前——站着说话，让肺部扩张，眼睛与电脑屏幕齐平，打开喉咙。

你无须为自己专门建一个隔音棚，也不用在办公室里设一张自动办公桌。在这个全球化的世界，网上演讲在许多行业已成为一个标准的操作程序，因此必须采纳我们建议使用的简单方法，来最大限度地优化你的声音。

TIPS

魏斯曼
完美演讲

在网络环境中，传统演讲所涉及的眼神交流、面部表情和手势动作统统缺席，这时你的声音就成了最主要的表达工具。让你的声音如歌唱般吸引听众！

---

① 这是不是就是我们常说的提起来说话。我的体会是，讲话时肚子提起来，用类似腹式呼吸法的方式来吐气，这样不仅不用扯着嗓子讲话，还可以做到声音与胸腔共鸣。——译者注

第57章

用演讲掌控关键时刻

美国总统候选人、参议员肯尼迪和副总统尼克松于1960年进行了电视辩论，这次事件永久地改变了政治竞选的面貌。在开始竞选时，肯尼迪就以一个失败者的形象出现，形势非常不利，他有两个弱点：时年43岁，是美国历史上第二年轻的总统候选人（威廉·詹宁斯·布赖恩是最年轻的，1896年参加竞选时仅36岁，最后输给了威廉·麦金莱）；同时也是第二位天主教候选人（第一位是纽约州州长阿尔·史密斯，在1928年的总统竞选中输给了赫伯特·胡佛）。但在辩论中，肯尼迪让尼克松黯然失色，他一路高歌，最终赢得选举。在此之后，总统候选人若无高超的演讲技巧，就绝对没有取得选举胜利的可能。

- 20世纪80年代，“伟大的沟通者”罗纳德·里根在一场场竞选中，先后击败朴素的吉米·卡特和平淡无奇的沃尔特·蒙代尔。
- 20世纪90年代，“油嘴滑舌”的比尔·克林顿击败了出身显贵的乔治·布什，以及单调无趣的鲍勃·多尔。
- 2008年，活力四射的贝拉克·奥巴马击败了吵吵闹闹的坏脾气约翰·麦凯恩。

演讲压倒一切。[①]共和党内部的“2012年总统候选人选举”早在2011年就开始了，2011年5月，竞选人开始竞选，直接参加总数为27场的全国电视辩论赛。[1]

得克萨斯州州长里克·佩里（Rick Perry）在8月13日才开始参加竞选，落后于其他人。得州前州长米特·罗姆尼（Mitt Romney），也是获得竞选资格的胜者，有一批精英团队为他助阵，其中包括前众议院院长纽特·金里奇、前参议员里克·桑托勒姆（Rick Santorum）、众议员罗恩·保罗（Ron Paul）、众议员米歇尔·巴赫曼（Michele Bachmann）、企业家赫尔曼·凯恩（Herman Cain）和前州长乔恩·亨茨曼（Jon Huntsman）。但佩里先生本身有着不少优势。他是一位英俊的电影明星，有坚毅的下巴和卷曲的头发，此外还有一副运动员般的身材，要是穿上西装，那模样简直无可挑剔。他已连续取得了三场地方竞赛的胜利，共和党内具有影响力的保守分子青睐他，更为他筹措资金。佩里支配着丰富的个人资源和政治资本，在宣布参选、加入政治辩论一个月后，他就跳到了民意测验榜的榜首。

在2011年9月22日福克斯新闻频道的辩论中，记者克里斯·华莱士（Chris Wallace，他子承父业，是著名新闻煽动人迈克·华莱士的儿子）的角色更像是一名主持人，他试图挑起争端。他请佩里先生评价一下罗姆尼在出任马萨诸塞州州长时提出的医疗提案。佩里说：

---

① 奥巴马赢麦凯恩可谓非常经典的演讲案例。实际上，麦凯恩在演讲上最大的败笔在于，没有人记住他到底说了什么。而奥巴马的演讲都有一个明确的诉求：“Change，Yes We Can!” 而麦凯恩呢？让人记住才是这个时代演讲的第一要务。顺便说一句，给奥巴马撰写演讲稿的人名为约翰·费儒（Jon Favreau），这位小弟是1983年出生的，奥巴马的胜选演讲就是他一口气喝了五杯咖啡在星巴克写出来的。自古英雄出少年啊！——译者注

我认为美国人有时根本弄不清楚他们在和哪个米特·罗姆尼打交道。是那个先赞成第二修正案，后来又反对的罗姆尼？还是——还是社会保障项目实施之前的他？是先反对罗伊诉韦德案的他？还是后来站出来支持此案的他？他曾百般努力，支持奥巴马医改计划，而现在他又持反对态度。我是说，我们得等到明天，才——才能知道今晚我们讨论的到底是哪个米特·罗姆尼。[2]

这段错综复杂的瞎扯在网络上像病毒一样被广泛传播，两周后，也就是10月8号，佩里在民意调查中的支持率差不多只有先前的一半。该数据来自realclearpolitics.com网站举行的“2012共和党总统选举民意调查”投票结果。请注意，这里我们只拿佩里与罗姆尼来比较。[3]

10月份，佩里先生又参加了另两场波澜不惊的辩论。到了11月9日，他和对手一起，在美国全国广播公司财经频道（CNBC）进行了另一场辩论。该频道更偏向财经类新闻。轮到佩里发言时，他给观众们解释了他的税收计划：

但实际情况是，我们最好有一个适当的计划来让美国人了解，这就是我的单一税是适合成为所有人的唯一赋税的原因——我指的是台上的这些好伙计。到了2020年，它能帮我们实现收支平衡，也能为注定到来的监管环境做贡献。

我要告诉你们，当我成功后，有三个政府机关将消失，它们是：商务、教育，和——第三个是什么，我来看一下……

说到这儿，佩里沉默了，他想不起来他要消灭的第三个机关是什么了。观众开始大笑。罗恩·保罗当时正站在佩里先生旁边，他想化解这个尴尬的场面，于是说：“其实是五个。”

佩里也想轻描淡写地逃过去：“哦五个，没错。”他依然努力地回忆第三个机关到底是什么，于是又从头说起：“没错，商务、教育，和……和……”他又沉默了。观众继续大笑，这次其他候选人也笑了。

米特·罗姆尼也想缓和一下气氛，半开玩笑地帮腔道：“是环境保护署吗？”

佩里摆出一副好脾气的样子，附和道：“环境保护署，你说得对。”说着他还冲罗姆尼挥了挥手，又嘲笑般地拍了拍讲台，以示赞同。这个手势让笑声更大，观众席中还有人拍起了掌。

> CNBC的主持人约翰·哈伍德（John Harwood）不依不饶地问：真的吗？你说的真的是环境保护署吗？
>
> 佩里：不，先生。不，先生。我们讨论的是政府机关——环保署需要重建，这点毫无疑问。
>
> 哈伍德：可你——你不能把第三个名称说出来吗？
>
> 佩里：第三个政府机关。
>
> 哈沃德：没错。
>
> 佩里：我将取消教育部、商务部，还有——是什么，我说不出来。

他又沉默了，并且垂头丧气。

佩里：第三个，我说不出来，抱歉，哎。[4]

这声“哎”被全世界都听到了，再加上9月辩论会上的那通胡话，佩里先生就此彻底垮台。佩里在辩论会上两度出丑，他起伏的命运也在民意调查的图表上画出了一个完美的钟形曲线。曲线继续下滑，直到2012年1月他放弃候选人资格（见图57-1）。

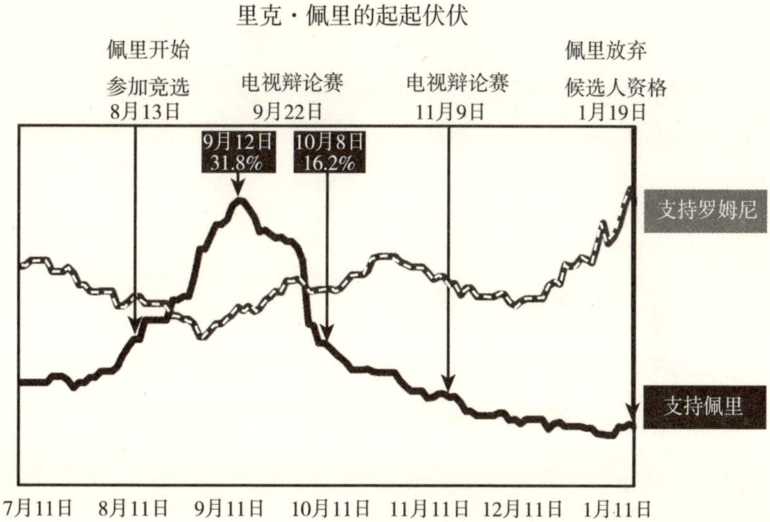

图57-1　2011共和党总统选举民意调查

总统竞选辩论会非同小可，它的重要性超过你参加的所有商务演讲会。而普利策奖获得者乔恩·米查姆（Jon Meacham，曾撰写过安德鲁·约翰逊、富兰克林·罗斯福、温斯顿·丘吉尔的传记）还提出了辩论会的另一层重大含义：

> 自20世纪60年代开始，美国人民就对以辩论形式为主的总统选举政治相当熟悉，而和辩论关系最深，也最易显露出来的，就是演讲才能。演讲才能包括表达观点的能力，用有限的时间和动作展现性格最精髓部分的才华，并以此给他人留下持久的深刻印象。[5]

演讲才能包括表达观点的能力，以及用有限的时间和动作展现性格中最精髓部分的才华。无论总统选举还是商务交流中，它都起着举足轻重的作用。

商务交流其实也是另一种形式的总统选举，米查姆的这番话与其也有很大关联。它们都表达了一个意思：演讲能起到举足轻重的作用。

TIPS

魏斯曼完美演讲

无论是总统选举还是商务交流，演讲都能起到举足轻重的作用。

WINNING STRATEGIES
FOR POWER
PRESENTATIONS

第四部分

应对挑战性问题的八项建议

第58章

像被提问一样去聆听

在《演讲的艺术》中，大家读到了传奇晚间节目明星约翰尼·卡森（Johnny Carson）如何完美呈现演讲中的两个关键因素：倾听和出其不意的幽默。卡森精选电视节目合集《今夜：约翰尼·卡森40年晚间节目秀》（*Tonight:4 Decades of the Tonight Show Starring Johnny Carson*）也反复传递了演讲者需要学习的内容。

电视节目《旧金山编年史》（*San Francisco Chronicle*）评论了这个节目合集，而大卫·威甘德（David Wiegand）完美地描述了卡森的聆听技巧：

> 只说卡森是名优秀的采访者还不够——他还是个杰出的聆听者，当他的嘉宾说出一句妙语时，他比谁都高兴。
>
> 是什么让一个晚间节目主持人变成好的聆听者？答案显而易见——尤其是在如今，晚间节目主持人的黄金守则都是要不惜一切代价在节目上展示自己的聪明才智，要尖酸刻薄，具有攻击性。在这种情况下，卡森的倾听更显得难能可贵。
>
> 与其相比，好的主持人兼聆听者就成了家庭观众的代

> 表。卡森对嘉宾的兴趣远超过让自己说出一句妙语。听他主持，就好像自己正坐在他身边，和他一起问问题。更重要的是，他对嘉宾的答案也很有兴趣。[1]

威甘德的观察结果也得到了同行多萝西·拉比诺维茨（Dorothy Rabinowitz）的支持。多萝西是《华尔街日报》的电视评论员，她用一句话总结了卡森的聆听技巧：

> 他不是一名急着让自己成为舞台中心的节目主持人。[2]

有效的聆听技巧能给演讲带来优势，其中需要注意的有两点：

- 要像被提问一样去聆听。自己在开口“回答”之前，一定要弄清观众到底想知道什么。
- 读懂观众的非言语式反应——就把这当成沉默的聆听。看看你给的答案能不能让观众点头，如果没有，再详述一遍。

不管是什么情况，你的目标都是：让你的观众产生卡森让他的观众感受到的东西，也就是，你对观众的关注程度超过对自己的。值得一提的是，威甘德对卡森的幽默也有一番见解：

> 卡森独白迷人的地方在于，那些笑话常常未能引起“笑果”，但说实话，卡森最引人发笑的时候就是那些笑话没能奏效之时。引用性感女星梅·韦斯特（Mae West）的一句台词来评价：“一本正经时，他很风趣；耍坏时，他更迷人。”

“用笑话来做演讲的开场白”——我希望我说的话能给这个广为流传的说法泼点冷水。想想看，卡森的笑话都是由专业喜剧写手组成的一流团队写出来的，即使这样有时还会失效，更何况是你的？

同时，我希望你能耐心地接受这些关于聆听和笑话的老套课程。要知道，幻灯片的出现让演讲效果岌岌可危，而缺乏倾听和说生硬的笑话更是演讲者最常犯的错误——一而再，再而三地犯。向晚间节目主持之王约翰尼·卡森学习——他已连续30年赢得评级胜利，你就能避免再犯这些错。[3]

TIPS

魏斯曼
完美演讲

需要像被提问一样去聆听，并读懂听众的非言语式反应，让听众觉得你对他们的关注程度超过对自己的。一旦开讲，所向披靡。

第59章

不要仓促给出答案

让你赢得现在这份工作以及以前全部工作的品质，现在有可能妨碍了你，让你无法有效地回答问题。那就是，你是一个注重结果的人。

在进行入职面试时，你未来的雇主为了了解你的优秀程度，以及能以多快的速度创造结果（两者同样重要），一定会评估你的简历、推荐信，以及你在面试时展示出的性格。

熟练地展现对专业的了解程度，意味着你将大多数工作时间（很有可能也是醒着的大多数时间）都用在了发现问题、解决问题上。因此，不论别人向你抛出什么样的问题，你都能立马说出答案。

不幸的是，有时你回答得太快，说出口的答案都是错误的。原因就在于，你根本没有理解问题，于是搞错了顺序，落入了“准备—开火—再瞄准”的陷阱。

在上一章中你向约翰尼·卡森学习，想必明白了作为一个好的聆听者的重要性，但那只是第一步。在回答问题前，先停下来想一想也很重要——先等一等，把枪口瞄准正确的地方再扣扳机。

不过在一场重要的演讲中，想要停下来思考是很难的。因为当时的你承受着双重困难：过度分泌的肾上腺素以及想立马解决问题的天性。

苹果公司最了解人们的这种天性。该公司以善于捍卫自己的品牌而著称，它精心挑选了少数几位高级主管来应对媒体的发问，而这一做法也成了该公司的习俗。《苹果内幕》（*Inside Apple*）这本畅销书更是用“神秘”这一副标题来形容苹果的一些做法。该书的作者是《财富》杂志的主编亚当·拉辛斯基（Adam Lashinsky），他在书中引用了苹果产品市场主管的话：“和那群家伙在一起，面临的最大挑战是，他们都超级聪明，了解很多细节，但是……他们没有学会如何以优雅的方式回避问题。”[1]

苹果的对手谷歌公司对人们的这种冲动天性也很了解。他们的邮件产品“Gmail”有“撤销发送”的功能：当单击“发送邮件”的按钮后，Gmail将延迟5秒再发送，你可以用这段时间来取消发送。[2]

电视和广播是最容易让人们胡言乱语的地方。在现场直播的节目中广播公司往往采用视频7秒延迟技术，借机剪掉可能会引来麻烦的内容。想想在美国橄榄球超级碗大赛频频出现的走光事件，以及现场直播的奥斯卡颁奖典礼上获奖人激动之下随口说出的脏话，你就能明白延迟技术是多么重要了。7秒延迟技术最常出现在乔恩·斯图尔特的《每日秀》中，在这个节目中，他频爆粗口，技术人员只好用“吡”声盖过他的脏话。[3]

作家弗兰克·帕特诺伊（Frank Partnoy）在他《等待：推迟的艺术与科学》（*Wait:The Art and Science of Delay*）一书中也对“延迟”赞赏了一番。他举出了多个例子，如棒球击球手等待完美角度到来才出手、喜剧演员等到时机对了才抖出一个包袱、媒人告诫初次约会的人要三思以避免双方匆匆下决定。

演讲者并没有“撤销发送”的按键，也没有视频7秒延迟技术的支持，只能通过言语让时间停顿，以为自己创造时机。说话与停顿并不矛盾，所谓用言语让时间停顿，其实指的就是古老而可靠的“释义法”[①]。读完《魏斯曼的演讲大师课2：答的艺术》的人会想起释义法——换一种形式将问题再阐述一遍，其功能就像是缓冲器。对于发表演讲的我们来说，释义法的功能等同于视频7秒延迟技术。

例如，如果一名怒气冲冲的客人发问：“你们产品怎么那么贵？”冲动的人会这样回答：“看看产品特性，它根本就不贵……”或者回答：“要想用得久，就得出高价。”这些脱口而出的答案其实都是在指责发问人，怪他不该问这种错误的问题。但如果你把对方的问题换个说法，反问自己“我们为什么要定这个价格呢？”那你的立场就依然是中立的——言语也为你争取到了宝贵的思考时间。

有了时间，你就可以从容地描述产品特性，或是讲一讲一分价钱一分货的道理。但要记住，这么做的时候，你的言辞也不能激烈。

有的演讲者频频遇到咄咄逼人的问题，为了争取时间，他们想出了一套“模板”。若释义法是缓冲器，那这些句子就是缓冲器的缓冲器：

- “这个问题提得好！”
- “很高兴你提出了这个问题！”
- “你真正想问的是……？”

① 这其实就是一种缓冲语言，用不同的方式阐述同一个内容，以争取更多的时间。——译者注

- “要是我没听错的话……”
- “你的问题是/你担心的是……”

听起来是不是很耳熟？这些耳熟能详的话已经成了某些人的惯用语了。旧习难改，但你必须立马丢掉这些句子，因为它们都太过分了。

- 前两句话在肯定提问的同时，也含蓄地否定了其他问题的价值。
- “真正”一词暗示着提问者并没有将问题表述清楚。
- “要是我没听错的话”暗示着你刚才没有仔细在听。
- “问题”和“担心”这两个词会给人负面的感觉。

如果你想在重新诠释提问者的问题时为自己赢得时间，那么试着用一用以下这些缓冲器的缓冲器——这些较为中立、让观众听起来也更顺耳的句子：

- “你问的是……”
- “我想知道……”
- “你的问题是……”

仓促给出答案、使用老掉牙的缓冲句都是不好的习惯，那和拖拉的毛病一样糟糕。赶快用仔细倾听、正确阐释这类积极的行动来克服这些坏习惯吧，如此才能得到积极的结果。

TIPS

魏斯曼
完美演讲

不要仓促给出答案，仔细倾听、正确阐释，用积极的行动换取积极的结果。

第60章

巧妙应对正面进攻

2011年6月在雅虎公司举行的年度股东会议实在是“没希望”——《纽约时报》[1]这样报道：之所以说“没希望”是因为，和其他对手相比，该公司的股票价格一直死气沉沉，公司的年度表现也很糟糕，这无不意味着今年的会议将不好过。然而在这场“没希望”的会议上，董事会和管理层先是花一个多小时热情地展望了一下光明的未来，然后又回答了股东们提出的不痛不痒的问题。

突然，一个叫史蒂夫·兰德里（Steve Landry）的人站起来发言，他声称自己是个人投资者，曾建议机构投资者持有一百多万股雅虎股票。接下来，兰德里开始炮轰雅虎公司，并重点批判了首席执行官（CEO）卡罗尔·巴茨（Carol Bartz）。他冲卡罗尔说：“本周早些时候，有位博主说董事会和其他的CEO候选人进行了秘密的谈话。我也听到了一些相似的细节，并相信这位博主说的是真的。”他又继续说道：“雅虎最不需要的就是一个跛脚鸭的CEO……据说你的离职计划今天生效，贵公司也必须加快寻找新CEO的脚步了。”根据网络广播的听录文稿，巴茨女士是这样回应的：

> 感谢你向我们提供这些看法，告诉我们博客和流言的存在。除了这个还有什么？妙极了——那真是个让人丧气的家伙。那么在此感谢你来到雅虎，我们都在努力为公司工作，管理资产，日后一定会看到成效。[2]

但在事后，主流金融媒体，如《华尔街日报》[3]《纽约时报》[4]和科技资讯网[5]，他们的报道观点均一致，都将重点放在了巴茨回答的中心句“那真是个让人丧气的家伙”上。这让读者误认为，兰德里先生的指责是在中伤巴茨。

巴茨以积极乐观的口吻结束了她的回应，但在前面却犯下了两个战略上的错误。这两个错误分量极重，也磨灭了回应中积极向上的一面。

- 她没有澄清指责中提到的问题。
- 她证实了指责中的消极言论。

其实，为澄清关于流言的问题，巴茨女士应该这样说：

> 雅虎的政策不允许我们评论流言和博客文章。但我可以告诉你的是……

之后，她就可以继续以原来那积极的口吻结束这番话：“我们都在努力为公司工作，管理资产，日后一定会看到成效。”

这两点也给演讲者上了一课，让大家明白应该怎样应对挑战性的问题和直白的攻击性言语：

1. 演讲者应该抓住一切机会，为公司做积极的声明。但在之前，应澄清提问者不留情面的问题。你可以同意、不同意、承认、纠正对方，甚至否认，但绝对不能忽视问题。[①]针对流言，巴茨女士其实可通过重申雅虎在这方面的政策来澄清疑惑。

2. 负面消息令人沮丧，但也是事实——雅虎的股票价格的确停滞不前。演讲者可以直言不讳，但绝不能证实消极因素的存在。“那真是个让人丧气的家伙”无疑让已经显得消极的氛围雪上加霜。

其实，演讲者可以先承认负面状况——这样也显得负责，但在用非常简短的话语承认后，要以积极的态度予以反击。这个方法就是众所周知的“没错……但是”法：

> 没错，股票价格的确停滞不前，但是请思考一下你今天听到的新产品的未来，还有我们都在努力为公司工作，管理资产的事实，我相信我们日后一定会看到成效。

年会结束后，科技资讯网报道，雅虎发言人以邮件声明：“寻找卡罗尔接班人的流言是完全虚假的。”[6]

但在三个月后，随着股票价格的持续低迷，董事会还是辞退了巴茨女士。当然，这次解雇都是因为股票现状引起的，而非她个人在年会上怒气冲冲的表现。《纽约时报》在报道这次辞退事件时特意提到“她为人坦诚，快人快语”。[7]卡罗尔·巴茨有直来直去的本钱，在出任雅虎CEO之前，她曾在欧特克公司担任了14年的CEO，此外，她还担任过英特尔、思科、比尔亚系统和美商网域公司的董事。除非你也有这样的经历，否则在面临挑战性问题时，你只能乖乖遵从以下规定：

---

① 回想国内的很多企业和企业家，他们是不是也在犯同样的错误呢？——译者注

- 澄清问题；
- 避免消极言论；
- 必须负责任；
- 以积极的口吻结束应答。

TIPS

魏斯曼
完美演讲

在演讲中面临挑战性的问题时，要澄清问题、避免消极言论、负起责任，并以积极的口吻结束应答。

第61章

以智慧的问答来缓解冲突

《呆伯特》是20世纪90年代最成功的职场连环画，它通过一个IT屌丝男呆伯特的职场经历从各个方面吐槽职场现象。有一集的内容是这样的：一肚子坏水、喜欢捉弄呆伯特的狗伯特端坐在一条写着“沟通技巧培训”的红色横幅下给人讲课，它讲道：“今天你们要学习如何不带嘲讽心态地倾听傻瓜讲话。”[1]

在这里，狗伯特指出了这样一个现象：在演讲的提问环节，当商务人士听到他们自认为是愚蠢无知的问题时，往往会不由自主地表现出不屑。他们常常会自食恶果，因为提问者并不觉得这是个愚蠢的问题。另外，提问者往往就是决策人，他们有权批准或者否决演讲者的提案。

《呆伯特》的作者斯科特·亚当斯以一贯的讽刺手法深入剖析了演讲者的两种同样愚蠢的反应：嘲笑看上去愚蠢的问题和对愚蠢问题做出不屑的表情或举动。

其实，在商务环境中并不存在所谓愚蠢的问题。一个问题可能显得无知肤浅、不切题，但即使演讲者觉得这个问题实在太愚蠢，也要记住每个听众都有权提出任何问题。改写一句源自1989年的电影

《梦幻之地》（*Field of Dreams*）中的经典台词：如果他们提问，你就必须回答——不带任何冒犯地回答。

在回答听众的问题时，当察觉到问题有跑题的嫌疑时，正确的应对方式是立即阐释关键议题。我们在第59章中提到过释义法，这个方法可以很好地缓解听众与演讲者之间的冲突，即挑战性的问题与轻蔑的态度的冲突。

比如，在介绍新产品的附加功能的发言结束时，你突然被问及商标的字体，而不是常见的问题，此时你要压抑住自己想问“这和产品有什么关联”的冲动，而应该阐释“我们是如何选择品牌设计的”。

这一简单的步骤不仅会制止任何藐视行为——窃笑、假笑、蹙额、皱鼻和翻白眼，还会让你有礼貌地回答听众提出的问题。

TIPS

魏斯曼
完美演讲

不带任何冒犯地回答听众的问题，当察觉到问题有跑题的嫌疑时，应立即阐释关键议题。

第62章

进行“以人为本”的高效演讲

场景1：硅谷，一家IT巨头公司的创新体验中心。公司的一名产品经理向一组潜在客户做完有关产品升级的发言后，进入了提问环节。

第一个问题由一家大型金融机构的首席信息官提出：“我们在你们第一版解决方案上已经砸了上百万了，不仅没解决问题，反而带来更多麻烦——死机、停机时间过长、操作失灵和无休止的维修，现在你们又想让我们升级到新版本！之前那一版的问题我们都还没解决呢！你们要怎么处理这些问题？”

产品经理回答说：“质量对我们来说非常的重要……”

场景2：纽约市，一家酒店的宴会厅中正举行一个财务报告会议。一家上市公司的CEO对一群投资人通报完公司管理状况，然后进入提问环节。

来自一家在行业中占主导地位的共同基金的分析师提出了第一个问题：“你们的收益没有变化，股价下跌，而且你们对下一季度的业绩展望非常保守。你们什么时候才能扭转这一失败的局面？”该CEO答道：“绩效对于我们来说是很重要的……”

场景3：芝加哥，一家全国连锁零售公司的总部会议室。一家制造企业的业务经理在结束当前产品的报告后进入问答环节。

销售副总提出了第一个问题："你们上一个产品推迟交货了，上上个也推迟了。现在你们又说这次的产品也要推迟！你要知道我们的销售是季节性的，如果我们不能抓住这一短暂的时机，就会损失效益和市场份额。你们什么时候才能有条不紊地生产呢？"

业务经理回答说："及时交货对我们是很重要的……"

听起来很熟悉？毫无疑问，"……对我们是很重要的"这一句式你大概已经听过无数遍了。它已经成为问答环节中的老八股了。

该句式的问题就在于，这都是明摆着的事，说了跟没说一样。当然质量、绩效和及时交货是非常重要的——每一个提问人说的都是这问题！因此，当一个演讲者在阐释中陈述显而易见的事实时，听众会感到非常厌烦。

演讲者为什么会在听众面前这样说呢？这很可能是在错误地模仿美国前总统比尔·克林顿。他曾说过"我能感受到你的痛苦"。克林顿先生在1992年竞选总统期间想出了这句话以回应一位艾滋病患者的提问。之后这句话就成了竞选口号，向选民传达了更广泛的信息——克林顿先生倾听并理解每一位选民。

作为一名演讲者，传递你会倾听并理解每一个提问者这一信息是至关重要的。但是不要说你对听众的痛苦感同身受——想想提问者问题的尖锐性，而这痛苦正是由你或你的公司带来的。

相反，要正确使用释义法：持中立态度回答关键问题——不分享感受，不统一意见，而且一定不要摆出一副高人一等的态度回应。

上述三个刁钻问题的正确阐释是：

- “我们是这样确保质量的……”
- “我们是这样提高绩效的……”
- “我们是这样保证按时交货的……”

以上述持中立态度的表达方式开始，继而引出问题的答案，这就是应对提问者的刁钻问题的方法。另外，要确保你的回答覆盖了全部问题。

TIPS

魏斯曼
完美演讲

如果你想学习克林顿充满自信的高效演讲风格，就一定要遵从其宣传口号的建议：“以人为本。”[①]

① 真正理解这句话，而不是惺惺作态地说：“我能体会你的想法……”即便你想说我能体会你的想法，也要说出为什么你可以，你究竟在哪些事情上和我有同样的感受？另外这也让我想到了俞敏洪的演讲为什么吸引人，因为他做到了一点，让你觉得他是从你们身边走出去的人，他用他的故事证明了“我能体会你的感受”这样的句子是真实的，不是吗？——译者注

第63章
真诚、坦率地回答

亚当·布莱恩（Adam Bryant）在《纽约时报》每周的“办公室一角”专栏中采访了多位CEO。他提取其中一部分采访，出版了畅销书《角落办公室里的内心话》（*The Corner Office*）。这本书的副标题阐述了其写作目的：CEO意料之外的教训——论领导艺术和成功秘诀。

关键词是“教训”。每周六我都要拜读布莱恩先生的精彩专栏，在这里我经常会发现他对演讲者的珍贵教训。专栏中有两次都讨论了同一个主题。布莱恩先生就如何应对刁钻问题采访了两名首席执行官——Find The Best网站的凯文·奥康纳（Kevin O'Connor）和威睿（VMware）的保罗·马里兹（Paul Maritz），讲述他们向应聘者提出的刁钻问题。两人都提到，这些问题从表面上来看都很简单。

奥康纳先生说：“我试着提出那些让他们觉得看似微不足道的问题。”他举了个例子：“你有多棒？”[1]

一开始，这个问题乍看上去可以无须思考、直接作答，连个小问题也算不上，但是之后它就会变成一个陷阱。“你有多棒？”同“什么事儿会让你晚上睡不着觉？”这一在商业演讲中常见的答疑问题相类似。如果演讲者回答说“没什么让我睡不着，我睡得就像婴儿般香甜”，那就会让人觉得他不真实或含糊其辞。听众希望演讲者坦率，且能详细说明他们对问题的应对措施。

同样，如果一名面试者用“我是业界最棒的”来回答“你有多棒”这一问题，那就会显得他夸大其词。

布莱恩先生问奥康纳先生他认为此问题的恰当回答是什么，奥康纳先生回答道：“那些深知自己的优势，同时也能意识到自己在其他方面不足的人，是最合适的人选。”

布莱恩先生询问马瑞茨先生其刁钻的面试问题，他答道：“我就选取他们过去做过的事，并问他们，‘想想现在你们会有什么不同的做法吗？从中你学到了什么？’”[2]

和奥康纳先生一样，马瑞茨先生期待实际或直接的回答。他说：

> 如果一个人把那个时期发生的一切都归咎于其他人，这就说明这个人可能不会为人着想，或没有自知之明。如果他能够详细地说明实际中发生的一切、决定那样做的原因以及现在会如何做出不同的决定，那就表明这个人善于反思且足够诚实，因而可以很客观，或是会尽可能客观地看待自己。

奥康纳先生和马瑞茨先生都在寻找一个共同点，那就是诚实坦率的回答。被面试者和演讲者（当然还包括所有人）都必须对自己的不足直言不讳。一旦承认自身的不足之处，接下来就可以畅所欲言，而不用遮遮掩掩了。政客们一贯自说自话而且透明度、可信度很低，公众对此已经习以为常——正如“我是业界最棒的！”这般的花言巧语。

本章并不是在说你不该展示自己；相反，你应该不遗余力地去展示，但是要真诚和坦率。[①]

TIPS

魏斯曼
完美演讲

真诚、坦率地回答，不遗余力地去展示自己。

① 在演讲中，真诚和坦率是魅力的源泉。——译者注

第64章

告别错误的沟通原则

罗伯特·麦克纳马拉（Robert S. McNamara）于1961—1968年期间担任美国国防部长，他也是备受争议的越南战争的推动者。之后在执掌世界银行期间，他取得了更大的成功，于93岁高龄去世。但在《纽约时报》中有关他的讣告却写道："余生里，他一直在同战争带来的道德后果作斗争。"[1]

2003年在一部针对越南战争的纪录片中，罗伯特先生成为被采访对象，他在节目中表达了自己的悔恨，但始终为自己的行为进行辩护。这部纪录片的名字是《战争迷雾：罗伯特·麦克纳马拉生命中的11个教训》（*The Fog of War: Eleven Lessons of Robert S.McNamara*）。其中，第10条教训同沟通有关，里面有关于演讲者不要做什么的建议。麦克纳马拉先生说：

> 我早先学会的一个教训是：永远不要说绝不，永远、永远、永远、永远不要说绝不。其次，永远不要回答那些当面提出的问题，只回答那些你预料之中的问题。坦率地讲，我一直遵循这条规则，效果非常好。[2]

其实这是条糟糕至极的建议，不幸的是，这个建议或者说规则已经在现代商业世界中大行其道了。不少媒体顾问极力主张演讲者回答“那些你预料之中的问题”，并且传达他们自己的信息。是的，这样做是很好的——不越雷池一步。

但是想想看：不积极回应他人怎么能是条“非常好的规则”呢？

在人际关系中，不回答问题会引起争执；在商业社会中，不回答问题会导致交易失败。只有在政治中，听众才能忍受没有回应的问题，因为公众已经习惯了政治中回避和欺骗的习惯。即便如此，麦克纳马拉的这条规则在政治中也会得到适得其反的效果。

正如第57章中提到的，2012年共和党总统候选人提名竞争中，得克萨斯州州长里克·佩里的大起大落在很大程度上应归结于他在两场辩论中的失败表现。其中一场是2011年10月18日CNN的辩论，在这场辩论中出现的类似回避问题的“罗伯特·麦克纳马拉时刻”却并未引起重视。当时，主持人安德森·库珀（Anderson Cooper）问了佩里先生一个问题：

> 库珀：佩里州长，第十四修正案允许任何人包括非法移民，她的孩子只要出生在美国即为美国公民。你觉得这一点应该更改吗？
>
> 佩里：呃，我来说说他刚才提到的赫尔曼问题吧。
>
> 库珀：事实上，我更希望你回答刚才的问题。
>
> 佩里：我明白，你问你的，我只回答我想回答的问题。[3]

“我只回答我想回答的问题。”试想一下，如果一个销售员这么跟顾客说，如果一个经理对高层主管这么说，如果一个高层主管对董事会成员这么说，或者是一个CEO对投资人这么讲，会是什么结果？毫无疑问，会议立刻结束，交易立即失败。

设想一下，要是你和对你至关重要的大人物说“我只回答我想回答的问题”，那结果可想而知。

安德森·库珀要求佩里先生回答那个问题，但佩里的话其实只是个回应，而不是回答。

4个月后，在共和党候选人的另一场辩论中，米特·罗姆尼和CNN主持人约翰·金（John King）之间的交谈中又出现了“罗伯特·麦克纳马拉时刻”：

> 金：在此刻的公开辩论中，您觉得对您最大的误解是什么？
>
> 罗姆尼：我们要恢复美国的承诺——在这个国家，人们知道只要努力工作、受到良好的教育，就会衣食无忧。同他们相比，他们的孩子将会有一个更加光明的未来。要想实现这一承诺，我们就必须在华盛顿进行引人注目的根本性变革，我们就必须创造更多的就业机会，尽量减少债务，并缩减政府规模。我是这次辩论中唯一一个……
>
> 金：这其中对于您有什么误解吗？还是这个问题本身就是个误解？

罗姆尼：你懂的，你问你想问的问题，我回答我想回答的。[4]

在商界中是不可能出现这样的场景的，你必须回答所有的问题。这不是说你应该泄露国家秘密，而是说在保密的基础上，你完全有权拒绝回答竞争性数据，以及公司或法律政策，但你必须提供一个合理的理由——而“我只回答我想回答的问题”这个理由十分荒谬。①

TIPS

魏斯曼
完美演讲

“我只回答我想回答的问题”这个理由十分荒谬。在保密的基础上，你完全有权拒绝回答竞争性数据，以及公司或法律政策，但你必须提供一个合理的理由。

① 所以对重大演讲而言，准备是如此的重要。每一个细节、每一个可能都要考虑到。——译者注

第65章

主动承担“认错”风险

越狱类电影一直是好莱坞的一大卖点，但现实生活中却发生了一起逆转事件。《洛杉矶时报》报道了一个名为马文·尤塞里（Marvin Ussery）的囚犯，他曾被关押在位于萨克拉门托的加州立监狱。出狱后马文竟试图闯入监狱，他把自己的行为解释为只是去“缅怀一下”，但监狱当局怀疑他试图偷运毒品、烟草或手机进监狱，再卖给囚犯们。然而经过一番调查，当局却未发现任何走私行为。因此他的动机至今仍然是一个谜。[1]

在商界，“闯入监狱”有着另一层含义：主动提供负面信息，比如说披露一笔债务，这会让听众怀疑这家公司的生存能力。但是，这样做通常有一个颇具说服力的理由：上市公司有责任披露财务信息。不同于令人尴尬的现实情况，在演示过程中，显而易见的问题绝对不可以忽视。

在某些情况下，经营责任是强制的。美国证券交易委员会要求，在公司IPO时，其初次公开发行的招股书上必须包括“风险因素”这一部分。但在路演招股书中要求并不严格。同样，在其他不计其数的商务演示中也没有这样的要求。然而所有的路演都必须包含风险警示部分，否则人们会认为演示者在故意隐藏某些事。

这时候的挑战就在于，何时以及如何处理这些披露。关于“何时”有两个选择：

- 先发制人。你的演示正文中要包括负面信息。
- 有反应力。等待听众提问，给出准备好的答案。

每种选择都有风险。提供负面信息就如同“闯入监狱”或者说是“承认有罪”，它可能会引出听众并没有想到的问题。但如果坐以待毙，则会显得你在回避或隐瞒某些事实。

不论选择哪个选项（这完全基于你对听众和具体情况的主观判断），你必须做好准备接受披露消极信息的不争事实。但是，一旦你这么做了，你和你的公司必须立刻着手解决问题或是防止问题的再次发生。

如果你的坏消息是关于：

- 一个销售低迷的季度，那就描述你为刺激新销售而做出的额外努力；
- 大客户流失，那就解释你为赢得新顾客而付出的努力；
- 重要高管离职，那就谈论你的高端人才寻觅行动；
- 新品发布延迟，那就展示你的加速生产计划表；
- 新品试制失败，那就列出你的修正措施；
- 来自关键意见领袖的尖刻批评，那就找出一个更加积极的意见领袖并援引此人的话语。

这一策略是处理诸如“是什么让你晚上睡不着觉”这种例行问题的正确方法的一种变体。如实说明让你睡不着觉的原因，继而紧接着说明为了解决该问题你都做了什么。要照实反映你们公司的负面消息，但是要立即说明你们正在如何处理这些负面消息。

TIPS

魏斯曼
完美演讲

每种选择都有风险。提供负面信息就如同“闯入监狱”或者说是“承认有罪”，它可能会引出听众并没有想到的问题。但如果坐以待毙则会显得你在回避或隐瞒某些事实。

WINNING STRATEGIES
FOR POWER
PRESENTATIONS

第五部分

特殊的演讲训练

第66章

说话干脆表达清晰

为何英国人不懂得好好学英语?

——引自音乐片《窈窕淑女》歌词

艾伦·杰伊·勒纳

你有多少次不得不要求别人把他们刚说的话再说一遍？如果你和大多数人一样，那么这种情况可能会经常发生。换位思考一下，你又有多少次被要求重复你刚刚说过的话？如果你和大多数人一样，这种情况也可能会经常发生。

这种沟通方式频现，但并不是由于我们所有人的听力都下降了。错误不在星星，而在我们自己（此句来自莎士比亚）。在剧院和电影中，含糊其辞的交流方式越来越多。《纽约时报》在介绍一种新的电影流派时把它称为“呢喃核”，其特色为“自然主义风格、超低的投资预算、由表达不清的短小章节串联成剧本”。[1]

这种电影及许多戏剧作品都迫使你向同伴求助：“他说了什么？”在对话中，含糊其辞引发了再说一遍的请求。而在演示和演讲中，含糊其辞会让听众漏掉东西，甚至会让他们对你言词中最有价值的部分产生误解。最糟糕的是，这会使你的演讲缺乏说服力，同时造成人们对你的负面看法。

为什么会出现这种现象？罪魁祸首就是，我们日常生活的节奏在加快。在不断加快的飞机、汽车、网络、随身电子设备及其应用程序的推动下，我们被迫加速完成所有平凡的日常活动：旅行、吃饭、走路、发微博——也包括说话。这种快节奏促使语速提高，从而导致语意表达不清，容易使人误解。

不要责备21世纪，想想19世纪和20世纪那时的不同的生活方式，还有城乡居民的语音语调。纽约人的特征是说话快，而美国南部和西部的人则是慢吞吞地拉长调子。甚至在当今高度流动的社会中，说话方式和速度依然能显露一个人的出身背景。很多纽约本地人的语速总让人觉得他们吃了兴奋剂。

可惜的是，改正措施并不是减慢速度。因为人们慢不下来，他们只能控制自己的说话节奏。停顿是一个好方法，此外还可以使用如下的方法来加强控制，该方法简单，却能消除含糊其辞，让话语变得清晰明了。

字正腔圆

伟大的爱尔兰籍英国剧作家、诺贝尔奖得主萧伯纳对发音技术有一定了解。他创作了戏剧《卖花女》——世界闻名的音乐片《窈窕淑女》的原著，并为之塑造了亨利・希金斯教授这个经典的语音教师角色。萧伯纳作为一位敏锐的评论家，对人们的说话方式非常敏感，他给希金斯教授写了很多很能表现口才的对话。

在他早期的戏剧作品《康蒂妲》（*Candida*）中，萧伯纳这样形容其中的一位主角——詹姆斯·梅沃·莫瑞尔（James Mavor Morell）牧师：

> 这是一个充满活力、和蔼可亲的40岁男子，十分受人欢迎；他体魄强健、相貌堂堂、精力充沛，且举止文雅、热情友好、礼貌周到。这位老练的演说家经常用他深沉而纯净的嗓音演说，吐字清晰、字正腔圆：他有着完美的表达掌控力。[2]

注意一下这段话中的关键词“字正腔圆”（Athletic Articulation），这两个词的通用定义是非常清楚的：“运动员的”（Athletic）指的是运动，而“发音”（Articulation）指的是说话。但每个单词还含有另外的附加定义：“运动员的”就意味着精力充沛的，“发音”意味着动态。萧伯纳用这两个简单的词语给表意不清提供了一个解决方法：像莫瑞尔牧师那样用“完美的表达掌控力”来说话，你必须“充满活力”地让嘴巴动起来，而这正是说话的首要原则。

请原谅这里的文字游戏，不过“充满活力”，真的是说起来容易做起来难。你会含糊其辞地讲话，那是因为在你的快速言语模式中，口腔、双唇、舌头和下巴都在一个严格限制的动作范围内快速运动。这一受限制的动作缩短了单个词语的发音，令词与词的发音相互阻碍，从而产生了“含糊言辞”。此外，如果你说话一直很快，那就养成了一个根深蒂固的习惯，这就像你惯用右手或左手一样。改变这种说话方式就跟改变你的“左利手”或“右利手”一样艰难。当然这是能够做到的，不过你只能循序渐进地改变。

入门

要做到字正腔圆，你需要在说话时拿一面镜子观察口型。注意自己的嘴唇和下巴的运动：它们是否在快速运动？你说话的时候看得到自己的牙齿吗？如果吐字不清，那很难看到牙齿。

现在说这句话："字正腔圆"。注意观察效果，你会看到更多的牙齿。你的嘴在说句话时，要能传达出这句话的意思。

现在再说一遍"字正腔圆"。这一次，放大每个字的口型，观察你的牙齿——露得更多了。你会发现每个字的发音都变得更加清晰。

此时你大概觉得做这些夸张的动作太过奇怪。的确如此，我当然也不建议你为了吐字清晰而举止怪异。但是就像开始运动前的伸展运动一样，你可以把这一夸大动作看成是热身环节。运动员根据比赛项目的不同，做不同的热身运动。扩展开来说，在人生的竞赛、社会生活或商务场景中，不要试图尝试这个技巧。没能熟练前只需私下练习就行了。

一个简单的经验法则就是，每天两次在镜子前重复说"字正腔圆"，每次持续约一分钟。早晚刷牙后就可以进行这一练习（这个时候牙齿会更白）。过一会儿，增加其他任意词汇的练习，既可以是随口蹦出的词，也可以在报纸或杂志上挑选一两个句子来读。要一直集中注意力观察和感受嘴的运动方式，同时还要仔细听自己的声音，这样你会发现你的吐字越来越清晰了。

找到一个让自己感觉舒适的范围，既可以让你的发音更易辨识、又不会显得太过夸张。达到这一程度需要因人而异，同时也关乎个人投入的时间和精力。

当你觉得舒服的时候，试着选择一个私人的场合来字正腔圆地讲话，比如和家人、朋友和同事在一起时。当你可以更加熟练地运用时，可以在更公开的社交场合中试一下。一点一点地增加使用频次，先学会走再学跑，熟练掌握之后才能在重要的演示或演讲中使用你的新技巧。关键就是，循序渐进。对于我所讲的，我本人更是身体力行。我是一个土生土长的纽约人，吐字就像奥运会田径赛跑似的，而现在我却在教人们如何控制自己的说话节奏。

做你自己的语言教练

音乐片《窈窕淑女》中有一个令人印象深刻的场景：希金斯教授训练伦敦东区卖花女伊丽莎・杜利特尔（Eliza Doolittle）像贵妇一样说话，训练得十分辛苦。就在伊丽莎费劲地念着绕口令式的发音练习句“The rain in Spain stays mainly in the plain”时，筋疲力尽的希金斯教授瘫坐在椅子上不断重复道“再来一遍”。这更凸显了整个过程的漫长和艰难。[3]

你所要练习的“字正腔圆”，尽管枯燥，却无须希金斯教授的帮助。伊丽莎・杜利特尔试图改变自己伦敦东区的发音、改变自己的声音，因此她需要帮助。要想客观地听到自己的声音，就要采用第13章中推荐的方法了。通过给自己录音来使演讲精进，录完后听这些录音，以客观地评判自己的语音模式。

在练习控制语速时，你还需要另外两个客观标准：在说话时观察及感受你的嘴、嘴唇和下巴。如果你站在镜子前练习，就能看见和感到自己的面部肌肉和嘴在快速运动——你的牙齿不时闪现，你便知道自己在清楚地说话。这时你变成了你自己的希金斯教授，你可以自己让自己“再说一遍”。不断重复练习是你能够真正有效改变的唯一途径。

TIPS

魏斯曼完美演讲

你无须追求成为莫瑞尔牧师那样的“老练的演说家”，也不必像伊丽莎·杜利特尔那样去假冒贵妇。你只需确保自己在演示或演讲中每说一个单词都是极其清楚的就够了。[①]

① 要做到字正腔圆，还有一个建议就是要多做录音——反复地把自己的演讲录音并放给自己听，发现其中的问题。让自己熟悉自己的声音，调整自己的声音，爱上自己的声音。——译者注

第67章

努力练成浑厚圆润的嗓音

自亚当和夏娃起，男人和女人间的差异就一直是人们讨论、辩论的话题。从嗓音上来说，二者的差异是毋庸置疑的：喉部和声带是人类发声的两个主要器官，而女性的要比男性的小，因此就如同吉他上短一点、细一点的弦会发出更高音调的声音一样，女性声带更短更细——当然也包括一些小个子男人的声带，故而会发出更轻、音调更高的声音。

青少年的声带也是如此。难就难在这儿：未成年人尖锐短促的嗓音是不成熟的标志，于是，有着细而高嗓音的女人和小个子男人就会无奈地背负着相同的认知——声音成了制约他们事业发展的障碍。

《铁娘子》（*The Iron Lady*）这部电影讲述了英国前首相玛格丽特·撒切尔的故事。在开头的一场戏中，政治顾问告诉撒切尔夫人[扮演者为梅丽尔·斯特里普（Meryl Streep）]，她尖锐的嗓音缺乏庄严感。接下来的画面是，一位声乐老师试着让撒切尔通过抬高和放低她张开的双臂来降低她的音调。

这一方法对于从肺中吸气和加大音量十分有效，但却不能改变声调。高音的基础并不来自肺部的气流，而是来自肺部上方的声带，因此让嗓音丰富起来的正确方法是，制造共振来提高喉部位置。

共振

“resonance”（共振）这个单词是由意为“重复”的前缀“re”和意为“声音”的“sonance”相结合而成的。综合起来讲，也就是重复声音。回声便是声音的重复。试想一下你站在一个洞穴的深处，或是站在山顶上俯瞰山谷，然后说“你好”，你会听见这句“你好”被以低沉的声音弹回，产生回音。

你的回音中包含的泛音和低音使得你最初的那句“你好”变得更为低沉绵长。不论什么时候，如果你在说话时都能增加泛音和低音，那就可以形成属于你自己的更为低沉绵长的嗓音。你不需要进入洞穴，也不需要站在山顶或是转变放大系统，便可以用自己的身体去制造回声。

我们来分析一下制造回音的元素：从你喉头发出的原始声音穿过洞穴或山谷的空地，接着同洞穴壁或是山谷两侧相撞，并带着新能量弹回。这些反弹便是共振，这些回响给最初的声音加上泛音和低音，从而使其丰富。

这个过程中涉及的元素有：

- 你的声音。
- 洞穴或山谷中的空地。
- 洞穴壁或山谷两侧。

或是换句话说：

- 来源。
- 一个开放的房间。
- 一个坚硬的表面。

你可以将这些成分加入到你每天正常的说话声音中，因为：

- 你的喉部是你声音的来源。
- 你的体内有着自己的开放房间。
- 你自己的身体有着坚硬的表面。

在这里我再重申一下，请注意：喉部是你声音的来源。许多关于发声的思想流派都关注胸部、肺部和膈膜的作用——对于《铁娘子》中的声乐老师来说是臂膀。但是，它们都不是声音的来源。所有那些成分产生了一条无声的气流，这条气流只有通过喉部后才能成为声音。然而，没有振动就没有声音。

假设你的胸部、肺部和膈膜都是有着坚硬表面的开放房间，只不过它们都位于你的喉部下方，这样是没有声音共振的。在图67-1中的喉部上方，你会看到三个开放“房间”（或是腔室），每一个房间都相连着并相对封闭着，这为喉部产生的振动提供了一个平台，以让你的声音产生共振。

- 你的喉咙——也被称为咽或咽腔。
- 你的嘴——口腔。
- 你的鼻窦——鼻腔。

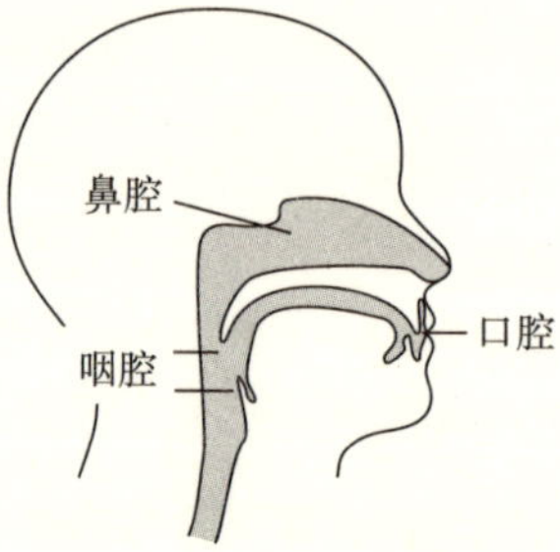

图67-1　咽腔、口腔和鼻腔

在说话的时候，你的声音中的振动气流会穿过这三个房间，但是共振并不一定会产生。要想制造共振，你必须将这些房间开得更宽从而优化反弹。房间越大——洞穴越深、山谷越陡，反弹就越好，声音也就越低沉。

练就你自己的发音共鸣腔

喉部产生的振动通过两种声音来表达：元音和辅音。英文元音字母通常包括“A、E、I、O、U”。实际上，英语国际音标中有20个元音音素，还有28个辅音音素。这里就不赘述每一个元音音素和辅音音素了，让我来简化一下它们的定义吧。

辅音音素是受到嘴唇、牙齿和舌头动作阻碍发出的声音；而所有的元音音素都不受阻碍发出的声音，或者说是开音节，只随着口型和下巴位置的改变而改变。每一个元音都相当于你站在山顶上说的“你好”，既而变成泛音和低音被弹回。

我们说的每一个单词都含有元音，哪怕是在斯拉夫语中也是如此——斯拉夫语中的一些单词没有单一的字母代表元音，但是每个单词都有元音。因此，你可以用元音给单词增加共振。

既然每个元音都穿过你的喉咙和嘴，这些腔室就会成为你用来共振的回音室。要想增加其他可用的房间——鼻腔，我们就要求助于另外三声音："m"、"n"和"ng"。这三个声音是辅音——因为它们发音时受阻，它们在我们的语言中出现得非常频繁，也给我们提供了额外的回音室，并给声音添加共振的额外机会。

形成鼻腔共鸣

说"mmm"，持续集中地把声音推进你的鼻子。把声音拖长，感受你鼻子里的振动和颧骨上的振动。再来说"ng"，类似"going"这个单词的尾音。持续集中地把声音推进你的鼻子。把声音拖长，感受你鼻子里的振动和颧骨上的振动。

刚才，你分别体验了不同的鼻腔共鸣。先说"many men marching"（许多人正游行），集中注意力放大每个单词中"m"、"n"和"ng"的发音。再说"moon beams bring evening dreams"（月光带来夜晚的美梦），集中注意力放大每个单词中"m"、"n"和"ng"的发音。之后再说"a strong new nation is going to motion"（一个强大的新国家即将运转），集中注意力放大每个单词中"m"、"n"和"ng"的发音。你刚刚体验了在固定字串中的鼻腔共鸣。现在挑一份报纸或一本杂志，大声朗读其中一段。集中注意力放大每个单词中"m"、"n"和"ng"在随机单词中的读音。

简而言之，要形成鼻腔共鸣你需要5个步骤：

- 单独练习；
- 练习固定的字串；
- 随机练习；
- 对话；
- 演示或演讲。

第4步和第5步取决于你自己的进度。下面让我们把前3个步骤运用到口腔和咽部共振中。

形成口腔共振

说“ow”，比如在“how”中。一直注意保持你的嘴唇呈圆形，延长发音，继而体会口腔前部的反射。

发“as”中的“ah”。一直注意压低下巴并在口腔前部发音，延长发音，继而体会口腔前部的反射。

你刚刚分别体验了不同的口腔共振。

现在说“how now brown cow”，注意力集中在放大每一元音并体会其在口腔前部的反射。

现在说“so flow can grow slowly”，注意力集中在放大每一元音并体会其在口腔前部的反射。

再说“as an afternoon advances”，注意力集中在放大每一元音并体会其在口腔前部的反射。

你刚刚体验了在限定字串中的口腔共振。

现在挑一份报纸或一本杂志并大声朗读一个段落。集中注意力放大每个单词中“ow”和“ah”在随机单词中的读音。下面慢慢进入到第4步和第5步。

形成咽部共振

说“on”。注意打开喉咙并压低下巴，延长发音，体会喉咙的共振。

说“oh”。注意打开喉咙并压低下巴，延长发音，体会喉咙的共振。

你刚刚分别体会了咽部共振。现在说“on an old island”（在一个古老的岛上），注意放大每一个元音并感受其在你喉咙中的振动。

现在说“a hot shot on the top”，注意放大每一个元音并感受其在你喉咙中的振动。

现在说“he ought to be caught and taught”，注意放大每一个元音并感受其在你喉咙中的振动。

你刚刚体验了在限定字串中的咽部共振。现在挑一份报纸或一本杂志，并大声朗读一个段落。集中注意力放大每个单词中“on”和“oh”在随机单词中的读音。下面慢慢进入到第4步和第5步。你的目标是：在无意识的情况下，运用这些技巧。即你说的每个单词都得到了进入自己房室的渠道，在那里反弹成了泛音和低音。最后你会得到一个丰富而洪亮的声音，而它会帮你引起人们的注意，并赋予你优势。

停顿的好处

在第47章和第53章中，我们了解到，在每句话说完后停顿一下，这样能给你的听众时间去消化你的演讲。停顿还能帮你提高你的声音质量。如果你说话很快，言辞都是一连串平实、无音调变化的词语，中间停顿也很少，那你的声带会快速振动，势能也会增大。快速的振动会产生高频率或高音。

如果你将字串分成一个个合乎逻辑的小段，用停顿的方式来断句，那你就用自己的声带给每个小段增加了一个句点。在你重新开始下一个语句时，你的声带会从一个静止位置开始振动，过不了多久，势能就会增大。在这个间隔里，你的声带会更加缓慢地振动，而低频率会产生低音。

把停顿产生的稍低的音调同咽部、口腔和鼻腔共振产生的泛音和低音结合起来，你就可以用权威的声音来说话了。

TIPS

魏斯曼
完美演讲

遵循优秀演讲的规则：语句结束时，适时停顿，用声音给这句话加上句点。

第68章

尝试进行一场有讲稿的演讲

当今，微软的PPT软件，不仅被用于演示和演讲的图形展示，还可以被用作演讲者在演讲过程中的演讲稿或提示词。这一用法可以让演讲者脱离PPT，根据需要自由掌握在演讲过程中是深入解释还是简述要点。然而，在一些情况下，演讲中的措辞必须严格定义，此时演讲稿就不是一个草稿而是一个有严格规定的文本了。

- **符合法律要求。**当演讲者需要发表事关法律事务的公开声明时，演讲中使用的词语应当由律师精心准备。
- **符合政策规定。**当演讲者必须就有争议或敏感话题发表公开声明时，所用语言必须经公关部门或媒体顾问的仔细推敲。
- **带有感情色彩。**当演讲者在下列场合中需要带有感情地演讲时：追悼颂词、毕业发言、退休感言、获奖致辞或是爱国集会，都需要引经据典，创造性地引用名家名言。
- **带有政治目的。**演讲者在参加竞选政府公职的演讲中，要使用竞选顾问团队撰写的发言稿。
- **参与大型产品演示活动。**参加大型产品演示活动（下一章会讲到）的演讲者必须充分利用现代演示技术——比如视频片段或示范操作，而且在现场必须使用精确的语言来提示制作团队进行每一步。

在上述任意一种情况中，演讲者都必须依赖事先准备好的演讲文本。不过这将在演讲过程中留下4个潜在隐患：

- 演讲听起来像照本宣科；
- 演讲者失去和听众的目光交流；
- 声音会因低头看稿而不清晰；
- 演讲稿翻页会分散人的注意力。

这里有两个可行的解决办法：

- 使用提词器；
- 使用文本垂直排列法。

使用提词器

提词器是一种高精尖的电子设备，一直被用于美国总统发表国情咨文的场合。这也是人们通常认为最重要的场合。电视新闻的主播和评论员们也使用提词器，而且许多其他场合也在使用该设备，尤其是在商务领域。

在美国的国情咨文发布会上，总统站在讲台上，面对坐在参众两院联席会议席上的上百名议员。两根不显眼的黑色柱子稳稳立在讲台两侧，支撑着透明的有机玻璃面板。这些面板用于反射隐藏的电脑显示屏所显示的画面，在这些画面中演讲稿的文字内容按照设定好的速度滚动。

面板的角度使得文本只能被演讲者看见，故对观众来说它们是透明的。这样就让人感觉演讲者是直视着观众发言的。

提词器就此消除了上面所讲的4个主要隐患，但却带来3个新问题。每一个新问题都需要单独的解决方法。

- **硬件故障。**机械设备会发生故障，所以总要准备一份打印出来的演讲稿作备份。
- **左右转头。**演讲者在两块面板间来回转动，重复的动作会显得刻意而不自然。罗纳德·里根是使用提词器的高手，他演讲时自然随意地在两块面板间转换，不过他是专业级别的。在第52章中我曾提到，里根先生在通用电气剧场做主持的8年间，精进了自己的说话技艺。我们并不是罗纳德·里根，故在这里要提出另一个解决办法：使用4块有机玻璃面板，演讲者的目光按照自己的顺序在它们之间来回转换。注意，务必要在讲完一个要点的最后一句话后转换。
- **演讲节奏。**你照读的讲稿文字很可能是由另一个同你演讲风格完全不同的人写出来的。这会显得你的演讲节奏过分刻意或像事先录音的。解决方法是，提前阅读演讲稿的电子版，找到自己的演讲节奏。在每个句尾标上反斜杠。这些标记可用来提醒你转向另一块有机玻璃面板。

很明显，使用提词器是一个复杂而且昂贵的解决方法。对于那些预算吃紧的人来说，还有另一个办法，那就是利用传统而可靠的纸质提示卡。

文本垂直排列法

阅读按照传统格式印刷的讲稿文本时，读者的眼睛不得不在水平和垂直两个平面间来回移动：横着看完一行后再向下看第二行，然后再接着横看这一行。请阅读亚伯拉罕·林肯在葛底斯堡演讲中的头两

段来感受一下你的眼球运动:

87年前，我们的先辈在这个大陆上创立了一个新国家，它孕育于自由之中，奉行人人生来平等的原则。

我们正从事一场伟大的内战，以考验这个国家，或者任何一个孕育于自由和奉行上述原则的国家是否能够长久存在下去。我们在这场战争中的一个伟大战场上集会。烈士们为使这个国家能够生存下去献出了自己的生命，我们来到这里，是要把这个战场的一部分奉献给他们作为最后的安息之所。我们这样做是理所应当的。

当你欣赏或者阅读纸质印刷书籍时，这些目光移动不会有什么影响。但如果你面向演讲的听众，你就不得不增加两个纵向移动了：抬头看向观众，低头看回稿子并横向看句子。这些额外的目光移动增加了准确找到当前正确阅读位置的难度。

解决办法就是，将文本垂直排版。把你的文档重新设置制表符，创建一个窄栏并格式化你的演讲稿。将每一行定义为一块内容要点集合，一般在逗号出现的地方转行。在你说这些完整语句时，应放低声音。现在再将重新排版后的《葛底斯堡演说》重读一遍，观察你的目光移动，注意其是否有所减少。这样的排版能让你更容易地回到刚刚阅读的地方:

87年前，

我们的先辈在这个大陆上创立了一个新国家，

它孕育于自由之中，奉行人人生来平等的原则。

我们正从事一场伟大的内战，以考验这个国家，

或者任何一个孕育于自由和奉行上述原则的国家是否能够长久存在下去。

我们在这场战争中的一个伟大战场上集会。

烈士们为使这个国家能够生存下去而献出了自己的生命，

我们来到这里，是要把这个战场的一部分奉献给他们作为最后的安息之所。

我们这样做是理所应当的。

在你将文本重新排版后，多朗读几遍。熟悉内容后，可一次挑选几行来读，这样就可以形成一个流畅而且富于变化的讲话节奏了。

最重要的是，你和听众的联系会变得更加紧密而自然。

TIPS

魏斯曼
完美演讲

每一句话都要字斟句酌，形成一个流畅而且富于变化的讲话节奏，与你的听众更加紧密地联系。

第69章

用对话的方式与听众交流

新产品发布、贸易展览、年度行业会议、用户群体会议……举办这样的大型集会在当今的商业世界已经习以为常了。在竞争意识的驱使下，许多公司为了超过同行，竭力制作越来越精良、足以比拟拉斯维加斯最炫目盛会的产品发布会。这股铺张奢华的浪潮席卷而来，使得那些出席这些场合的可怜男女商人都有着被卷进来的危险。商人干自己的本行自是得心应手，但他们并不是表演者。

如何在这个超负荷的会展环境里生存和发展？简而言之，就是把大型活动外包给专业活动策划人、展业展会制作经理和技术人员。由经验丰富的专业人员组成的完整产业链已经出现，他们专门解决超大型演示中不断增加的错综复杂的难题。但这些人都只是技术和制作领域中的专家，你必须对自己的演示讲稿、幻灯片和演示视频负责任。

当听众数量达到三位、四位甚至是五位数的时候，技术人员带着如林般的灯光设备、大量电缆、无线话筒、高清摄像机、高分辨率投影仪和巨型屏幕全体出现了。请注意“屏幕”（screens）一词我用的是复数。这些活动越来越精细，制作人需要的屏幕就越来越多。乔恩·布朗伯格（Jon Bromberg）是微软公司前活动高级总监，他曾在一个销售会议的舞台上排列了15块大型屏幕。

形象放大

一般来说，一些屏幕用PPT来演示辅助幻灯片，另一些则用来展示与演讲主题相关的主题图片——货币符号、工作的人、高科技装置等，还有的屏幕用来介绍演讲者。后者就是我们熟知的“形象放大”，或技术人员所称“I-Mag”。

在一个可容纳上千名听众的场地里，演讲者只不过是个小点。这时制作团队会用多个摄像机追踪演讲者演讲，把放大的特写图像投影到一个或更多的巨型屏幕上。而你在第34章中读到的建议，此时也就不适用了。当你放大图像时，不要回头去看投放在屏幕上的演示文稿幻灯片。

如果你放大的图像出现在一块巨大屏幕上，那它会显得你和你的听众突然分离了，还会让你分心。因此你必须一心一意，只对你的听众演讲。

那么如何获得通常由幻灯片提供的提示词呢？可靠的产品技术人员会用大型平板显示器来帮助你，这些显示器有策略地摆放在你的面前和讲台底下。它们会在你的视线范围内，这样当你把目光从听众身上移开，再回到屏幕时，你的眼球运动几乎不会被人察觉。

在这一布局中，你能得到提示词、宝贵的停顿和听众，而听众的眼睛完全被巨型屏幕所吸引，根本不会注意到你眼睛细微的转动。

行动、演讲、言语

这些规模空前的大型活动是戏剧化制作的产品而非纯粹的演示。演讲者所扮演的角色要服从制作技术的要求，实际上，演讲者的角色更像是大会的主持人而不是演讲者。

身为那样的角色，你将会成为衔接不同技术元素的桥梁和旁白。这些技术元素远比PPT和美化图形复杂，它们可能包括事先录制剪辑好的视频、产品演示、卫星传播或是实时闭路传送，每一个元素都必须精确无误地整合到活动流程中。因此，你所有的举动和话语都会被严格地编排和撰写。要使用专业表演者熟悉的术语，接受你的角色安排，熟记你的台词，成功完成标记任务，而所有这些都要完美无缺。

但是要记住，所有的演示都是人与人之间的对话。哪怕你只能同前排的人进行眼神交流，你还是要以自己的方式绕着大舞台向后排的听众讲述要点。而且，不要忘了用对话的方式与听众交流。

TIPS

魏斯曼
完美演讲

你不必害怕犯错。即使你犯了错，听众中的每个人也都会表示理解。他们知道“演示恶魔”（你会在下一章遇见）会打击到任何一个人，出现在任何时间、任何地点。如果演示恶魔打击了你，你的每一位听众都会谅解你，毕竟他们也曾遇到过。

第70章

敢于与演示恶魔作斗争

当公司对新产品寄予厚望时，他们通常会举办一场精心准备的新品发布会，并邀请业界有影响力的人物和媒体参加。大型的新产品活动通常以宝贵的新产品展示为中心。任何曾经参加过类似活动的人都知道“演示恶魔”会突然出现，同样地，参加过活动筹备的人对这一点更是感同身受。软件崩溃、硬件失灵、网络连接掉线、画面不动、电源故障、灯光熄灭、电池没电、鼠标不灵、窗口弹出或是音响系统故障……这些问题都会给演示带来沉重打击。

具备常识、事先预测、精心准备和备选方案，这些措施都能避免或消除大部分实际问题和逻辑陷阱，而表演技巧却是重中之重：你如何将演示中的所有元素整合在一起？这些元素有：物理组件、你的声音、肢体语言，以及最为重要的你的听众。

演示恶魔也许会饶你一命，让你的演示出现零失误。但你还是需要让演示进展顺利。毕竟，你是听众的代理人：如果你都不能让你的产品简单运行，他们又怎么能做到呢？

下面这7条简单的策略会让你下一次的演示取得成功。

- **让演示成为主角。**一旦演示开始，你便从属于演示，而不再是演讲的焦点。将你的角色转换为次要角色，让演示成为大家关注的中心。就好像在孩子和狗出现时，资深演员都会自动让位一样。商务展示中的演示就相当于舞台中可爱的儿童或讨人喜爱的小狗。退一步讲，让你呈现的内容成为焦点。

- **为演示进行解说。**向制作精良的纪录片学习旁白技术。解说员看不到却能把故事讲述得十分清楚。做你演示的旁白，让你的解说完整翔实。不要含糊不清，不要即兴发挥，而要像同步音轨一样精准。
- **用“你”拉近与听众的距离。**制作团队为了吸引尽可能多的潜在客户群付出了巨大的努力，但大部分演示都是缺乏人情味的教程，听上去像是事先录制好的声音，因此与听众有距离感。你可以在叙述中加入“你”这个称谓，以让听众身临其境，让他们觉得亲自参与了演示，并且通过暗示让他们购买你正在展示的产品。
- **通过演示屏进行目光交流。**看着你自己的演示，或是投影仪屏幕上播放的你的演示，不要试图在展示时与听众进行眼神接触。他们关注的是演示本身，注意力应集中在屏幕上，而不是你身上。如果你面向他们，他们会纠结到底该看哪里。这与你在第34章中看到的原理是一样的。让你自己和听众保持同一视角。把自己当成台下的听众，同他们一起观看演示进程。
- **学会因演示需要而暂停。**让演示为自己说话，尤其是在许多动作都是同时发生的时候。在这种时刻先暂停一下，让动作按常规发展下去。沉默是金，行动比言语更有说服力。
- **演讲中使用语言导航。**这是你在第45章中所学的同一个技巧的延伸。用你的语言给听众的眼睛导航。描述他们在演示中见到的东西，为他们的眼睛指示方向。可以说的有颜色、物体、位置和方向，以及方位词：顶部和底部，中心和边缘。记住，在说左和右时，一定要讲清楚，且提前说清楚哪里是左、哪里是右。不要强迫你的听众跟着你走。可从听众的角度来指导你自己，这是一个简单、安全又有效的方法。

- **学习沙利文定律。**沙利文定律是墨菲定律的推论，墨菲定律就是：“凡是可能出错的事必定会出错。”沙利文定律是：“墨菲是个乐天派。”为你要做的事准备一个后备计划，防止演示恶魔的出现。

TIPS

魏斯曼完美演讲

演示恶魔也许会饶你一命，让你的演示出现零失误，但你还是需要让演示进展顺利。记住，你是听众的代理人！

第71章

别被讨论会累死

畅销书《别被会议累死》（*Death by Meeting*）可能很快就会有一本名叫“别被讨论会累死”的续集。如果一生中你只参加过一次会议——不论是商务、专业、学术会议，还是社交场合，你一定会发觉其中的分组讨论催眠效果极佳，且让人苦不堪言。但问题并非出在参加讨论的与会嘉宾身上，而是因为有些主持人没能规避与会嘉宾高谈阔论、言之无物或游离于主题之外，最终导致听众睡意十足。在某些时刻，你可能会被要求主持一个分组讨论会议。要想让你的讨论会充满生机，请执行以下10条最佳实践原则：

- **鼓励冲突。**亚里士多德曾经说过“冲突即是戏剧”。在准备小组讨论时，你需要先找到中心议题下的某些热门话题，并研究每个与会嘉宾的立场。选择背景不同或持有不同意见的与会嘉宾。作为主持人，要把冲突引入讨论。
- **制造波澜。**提出一个问题并展开讨论，要求每位与会嘉宾都要回答。
- **允许反驳。**倾听不同立场与会嘉宾的回答，让一个与会嘉宾为他人进行辩护或反驳。
- **提前向听众搜集问题。**关键是“提前”，这能让你过滤出只和议题有关的问题。常见的听众提问较为开放，给人热烈而模糊的印象，但问题往往跑偏，最后离题万里。预先筛选问题让你的与会嘉宾不会跑题。
- **控制时间。**这一点你必须按照“少即是多”的原则，严格监控。

每位与会嘉宾的发言或交流最多不超过3分钟。开场词和结束语必须限制在90秒之内。要求会议主办方提供一到两个倒计时器，放在与会嘉宾和观众都能看得见的地方。这样会让人产生参加精心设计的电视辩论的视觉效果和现场感觉。更重要的是，它还会让讨论以一种轻松的节奏进行下去，而这在大多数分组讨论中是难得一见的。

- **正装出席**。分组讨论是演示的一种形式，因此与会嘉宾尽力展示自己也十分重要。对主持人来说也是如此。制定一个穿衣准则，如男士必须穿西装打领带，女士必须穿着得体。摒弃时下男士穿衬衫敞开领口的习惯——哪怕会议举办地是一个度假胜地也不能这么做。敞领衬衫通常会在夹克领子下皱起，让穿衣人看上去像忍者神龟。要求你的与会嘉宾衣着光鲜，别管什么“入乡随俗”的规矩。
- **让与会嘉宾坐在凳子上**。常见的小组会议厅的布置模仿深夜电视脱口秀节目，通常都设有舒适的沙发和扶手椅。这看上去很舒服，但却会让组员深深陷在里面，导致胸部受压、肺部受迫，说出的话也很含糊，用了夹式麦克风也听不大清楚。这种坐姿还会让麦克风产生响亮的、莫名其妙的嘶嘶声，或是刺耳的噪声。更糟糕的是，舒适的沙发会让组员们随意摆放胳膊，使他们看上去毫无生气。使用凳子会强迫组员坐直，他们的手臂也会自然下垂。坐直让组员可以挺直胸膛，充分打开嗓子——就像爵士歌王弗兰克·辛纳屈和其他所有专业歌手那样，在唱歌时站直，充分发声。
- **坐在三角形的顶点位置**。大多数分组讨论会的主持人都坐在台上两边的位置，而且与会嘉宾坐着的时候完全面对观众。这样的安排削减了主持人的作用，从而使与会嘉宾喧宾夺主。让大家呈三角形坐着，让主持人坐在顶点处，而与会嘉宾沿边坐，这会使主持人更为突出，掌控力也更大。
- **设计意外惊喜**。在讨论中引入意外的元素，比如安排一位嘉宾突然来访，播放一段视频剪辑、一张照片，或是来一段引述，讲一个新闻故事。接着再要求与会嘉宾参加互动。

- **让会议进行下去，并调节气氛。**主持人可通过保持轻松的节奏或把焦点从一个组员转向另一个组员来使气氛活跃下去。

TIPS

魏斯曼完美演讲

多样性是生活的调味品——对分组讨论会来说也是如此。让你的分组讨论充满生机吧，别被讨论会累死！

第72章

练就你的纯正口音

商业全球化势不可当，同时它创造了一种职场现象：大家一起工作却操着不同口音互相交流。外来的劳动者渴望有效交流，他们通过多种形式来学习当地语言，如上课、看书、听CD、在线学习。他们还想更加清晰地说外语，这就在一个传统的小众市场中创造了一股新的学习高潮，那就是口音矫正。

用这个专有名词进行网络搜索，可以得出100多万条搜索结果，当代的“亨利·希金斯”们为当代的“伊丽莎·杜利特尔”提供了多种服务。服务目的不是为了帮助他们成为淑女和绅士，而是为了让他们避免乡音的干扰，清晰表意。但是要记住，电影《窈窕淑女》的原著是萧伯纳的舞台剧《卖花女》，而《卖花女》源自一个神话故事。在那个神话故事中，罗马雕塑家皮格马利翁花了很多年雕刻了一个理想女性的石像。皮格马利翁对雕像十分着迷，给她起名为伽拉忒亚，并向神祈祷，希望她能活过来。众神奇迹般地让他愿望成真。

故事中的关键词是“奇迹般地”。而回到现实世界中，关键词就变为“绝不可能”，这是剧中人物伊丽莎·杜利特尔说的话。相较于“消除”乡音这个目标，“减弱”对伊丽莎而言会更容易些。在现实世界中，想要“消除”几乎是不可能的。原因很简单：人们从婴儿期起，就开始练习说话，那个时期形成的习惯极难打破。

如果不带口音说英文，简直没法开口。正努力适应新环境的你，是否为这个问题所困扰？

你也许并不完全如此，但是要想改变根深蒂固的言语模式——从潜意识层面上改变，那你就必须设立可实现的目标，并通过最佳路径去完成。为了帮助你找到属于自己的方法，让我分享一下我学会说西班牙语的过程。

西班牙语课

我第一次接触西班牙作家米格尔·塞万提斯的母语，还是在纽约的公立学校里。该学校的教学系统就和美国其他地方一样，教授语言的方法就是让学生进行大量练习，重复写每周七天的名称、月份、奇偶数、普通名词和动词的不同变化。第二次接触是在大学的西班牙语课上，这次经历和先前的一模一样。那时我已经准备开口说西班牙语了，我的大脑进入了这样一种模式：每次我要说一个西班牙语单词，大脑都要查一遍完整的单词表，包括所有的名词和动词时态。最后好不容易说出来的西班牙语也是磕磕巴巴的。

在我工作后，这种低效的西班牙语学习方法依然让我频频出丑。每一次我试着说西班牙语——去加勒比海度假、在餐馆里、同纽约拉丁裔工人们进行业务往来、在西班牙进行短暂的业务访问，我都觉得自己说话的过程像是噼里啪啦从长长的楼梯上摔下来一样。但是在1983年，一个长期业务访问彻底改变了我的学习方式。

在成立自己的演示辅导公司之前，我在电视台工作。有一次，我受雇于墨西哥传媒集团Televisa，要为其制作一部电视剧。为了履行一年的合约，我搬到了墨西哥城。电视剧里说的是英语，并不强制要求我会说西班牙语，但这份工作却要求我同当地的居民沟通交流。

为了吃饭、喝水、买东西和旅游，在那整整一年间我都必须说西班牙语。还没等我意识到，我原有的西班牙语模式就消失了。三个月后，我已经能够在产品会议上流利地同墨西哥同事说西班牙语，并且在剧本会议上同不会说英语的阿根廷作家诺伯特·维埃拉（Norberto Vieyra）交谈了。

我们交流的唯一障碍就是口音。阿根廷西班牙语的发音同墨西哥西班牙语相差很多，而诺伯特的口音对我来说非常难懂，我说西班牙语的口音对他而言也很难懂。我用词刚刚变得流利，口音也是如此。诺伯特要花大力气才能听懂我的话，而这是因为我说话时就像个墨西哥人！这流利劲儿是哪儿来的？我没上过课，没看过书，也没听过任何磁带。但我的确听了不少西班牙语：在墨西哥城的电视和广播里，在Televisa的办公室里，在街上以及在商店和饭馆里。

耳朵 VS. 眼睛

因此，语言学习的关键词是“听”。我通过倾听和自己练习，最终学会了西班牙语。我的学习方法就是听新单词然后重复说。这方法是不是有些熟悉？没错，这就是人类学习所有语言采用的一贯方法——儿童语言习得。

孩子听父母说话，再跟着学话，就是这样。没有书籍、单词表、记忆工作、动词表和思考。在这一过程中，大脑和眼睛并没有参与，只有嘴巴和耳朵——听和说。听单词然后模仿声音。而你待在什么地方，就会习得什么地方的口音。

资深国际语言学校伯利兹长期提供一个名为“彻底浸入”的语言学习项目。该项目内容为组织学员到说目标语的目的地旅游——即到墨西哥说西班牙语，或是去法国说法语。举例来说，学生由伯利兹的指导老师带领，在一到三个星期里完全按照当地人的方式生活，只说目标语。我在墨西哥也是如此，生活完全按照墨西哥方式来，彻底浸入——只不过没有监督指导。

如果想弱化口音，那就发展你自己的浸入式练习方式。既可以在广播和电视上听英语、在线听博客，也可以听单词模仿发音。对你日常生活中遇到的英语敞开心扉打开耳朵，听到什么就重复什么。不久以后，你的英语听上去会更地道，而不会像从你的母语发音模式中过滤出来的。你的口音永远不会消失，但是你的发音会更加清晰。

TIPS

魏斯曼
完美演讲

重复加上模仿等于口头表达，而口头表达是你可以用来提高演讲流利度的最有力的工具，它还能帮你提高演讲的清晰度，还能顺便帮你成为淑女或绅士！

第73章
像电视新闻主持人那样进行采访

阿斯彭思想节是一个备受瞩目的年度夏季会议，它集合了来自不同领域（包括文化界、经济界、政治界、科学界和教育界）最具创意的人，他们在这个创意节中同观众一起分享自己的理念。为避免会议演变成这些大思想家们单调、乏味的讲座，大部分讨论环节都被设置成了访谈形式，由受人尊敬的记者和媒体人主持。

这种访谈形式在投资会议上也很流行。这种会议不是让募集资金公司的高管进行单方PPT演讲演示，而是让专业金融人士在所谓的“炉边谈话”中对这些高管进行访谈。

访谈形式一直是大型商务会议的重头戏。在这些会议中，业界著名思想领袖接受事先指定的专访。有一天，也许你也会被选为访谈主持人。

遗憾的是，大多数接受这一职责的人都太过敬畏被访嘉宾的名望，只敢问些无关痛痒的问题，所以嘉宾除了给出单调的长篇大论之外，别无选择。

这里并不是说如果你成了主持人，就应该转向另一个极端，用刁钻的问题使受访嘉宾难堪，就如当年CBS著名新闻主播迈克·华莱士或当前的电视名嘴比尔·奥雷利（Bill O'Reilly）的做法一样。相反，你应该以著名访谈节目主持人查理·罗斯（Charlie Rose）或芭芭拉·沃尔特斯（Barbara Walters）为榜样，他们俩都有着能从嘉宾那里获取有趣故事的独特能力。作为嘉宾的商界人士未必有罗斯先生或沃尔特斯女士那样的机敏对答，但凭借以下7个简单方法，你依然可以引导嘉宾促成一段有意思的对话：

1. **开宗明义。**大多数主持人都忘记了演讲的第一法则：告知听众你会告诉他们什么。应该在访谈的一开始，就告诉大家你准备谈论哪些主题。
2. **循序渐进。**大部分采访都是随意跳跃的。为避免毫无章法，采访者必须建立采访结构，并保证不离题。最简单清楚的结构可按时间顺序而来，用日期标记重要时间点。另一种结构可按照序号标记来组织采访。正如你在第26章读到的，这一简单技巧让原本可能出现的混乱荡然无存。所以，让你的演讲主题按照详细的时间或数字顺序进行，并依次展开吧。
3. **突出嘉宾。**当前电视新闻主播们咄咄逼人的采访风格影响了很多媒体圈以外的访谈主持人，他们在嘉宾访谈过程中大谈自己的观点，而且有些主持人采取的做法强势且生硬。这样做是错误的！电视主持人彼得·方特（Peter Funt）在《华尔街日报》发表了一篇文章，文中描述：“最近，在全国有线广播电视公司（MSNBC）的节目上，著名政治评论员兼记者劳伦斯·奥唐奈（Lawrence O'Donnell）采访了电影制作人、社会活动者迈克尔·摩尔（Michael Moore）。摩尔先生说了整整1034个单词，而奥唐奈先生也说了很多：900个单词——他的分工是提问。主持人既负责提问还热衷于发表自己的见解，这使得摩尔先生一度打趣地说：‘劳伦斯，感谢你能来参加今晚的节目。’”彼得·方特是著名电视节目《偷窥》的创始人艾伦·方特（Allen

Funt）的儿子，他对采访的看法颇具权威性。他这样写道：“最好的主持人会做好功课，剔除自己的看法，力图使提问简短，仔细倾听，并为可能出现的后续情况做准备。”[1]查理・罗斯和芭芭拉・沃尔特斯就是这么做的。他们善于在采访时让自己隐身。在2012年的阿斯彭思想节上，罗斯先生这样描述他的采访技巧：人们常说，最重要的问题不在于前面的肯定，而在于“但是”后面的发问。然而当前最重要的问题应该是“为什么”和“为什么不呢”以及“你的选择是什么”。我一直关注这些问题，如果我面对一个嘉宾并与他畅谈，那就总会想知道他心中的偶像是谁，又是谁影响了他。[2]参与访谈的嘉宾之所以被采访，是因为他取得了一些成就，而所有采访的主题都是在第一时间内了解对方的这些成就。你可以采取温和的方式，慢慢把嘉宾引导到主题上去。但要记住，嘉宾才是焦点。

4. **总结概括**。参加访谈的嘉宾经历了自己生命中的成功与失败，因此访谈过程中他们倾向于描述细节。即使是嘉宾最擅长的话题也不能侃侃而谈，无休无止。在访谈过程中的每个环节末尾，都要简明扼要地概括前面所讲的内容。主持人应该尽可能地为采访主题提供事先调研得来的部分信息以提供观察视角，而不是局限在总结概括上。
5. **听众介入**。访谈并非发生在与外界隔离的环境里。现场听众尽管沉默，在采访中也是重要的第三方。你应该时不时转向你的听众，与他们互动。让他们用掌声给出回应或举手表达立场，如果有话筒的话，还可以让他们做少许口头评论——记住，只是“少许”。
6. **相互参照**。访谈通常不是孤立存在的，尤其是在和分组讨论或主题演讲等其他活动同属于一次大型会议时。你可以参考采访前后其他活动涉及的相关议题或观点。如此往复，则可以将会议内容有机地整合为一体。
7. **汲取经验**。访谈本身有挖掘奇闻轶事的特点，这些过往的事情通过访谈渐次展开。主持人可以通过总结经验教训来增加访谈内容的深度和广度。在谈到重要环节时，不妨问一问你的嘉宾，他是如何做到最好的？如果给他一个重新来过的机会，他会不会有不同的表现。由此，你的听众将学到可以做什么、不可以做什么。通过这种方式，让听众在看到名人的同时，也能汲取前人经验，获得额外的收获。

遵循这7个方法，也许不能让你到国家电视台或者有线电视台做主持人，但会让你的采访不再单调乏味；更重要的是，它们会为你赢得听众的喜爱。

TIPS

魏斯曼
完美演讲

你可以采取温和的方式，慢慢把嘉宾引导到主题上去。但要记住，嘉宾才是焦点。

第74章

设计一场成功的IPO路演

如果我能在那里成功，我就会在任何地方成功。

——《纽约，纽约》弗雷德·艾柏作词

在序言部分，你已经了解到我是近600家公司的IPO路演辅导教练。我一直采用相同的技术进行培训，对几百家公司的上千场商业演示进行辅导，其中包括筹集私人资本、销售产品、战略结盟或使内部项目获批。

很少有人能得到这样的机会——设计一场演讲，其目的是筹集逾15000万美元。但通过下列IPO路演十大技巧，我相信你会了解到与任何一场演示相关的、方方面面的演示技巧。在你阅读这些技巧的时候，请把它们同你自己的演示场景联系在一起。

1.重视网上路演。2005年，美国证券交易委员会为了充分披露信息，责令首次发行股票的公司必须在互联网上做网络路演。此后，每个公司都会把公司高层管理团队的路演推广视频放到NetRoadshow/RetailRoadshow网站上，此外，还会放上带有旁白的幻灯片，见图74-1。

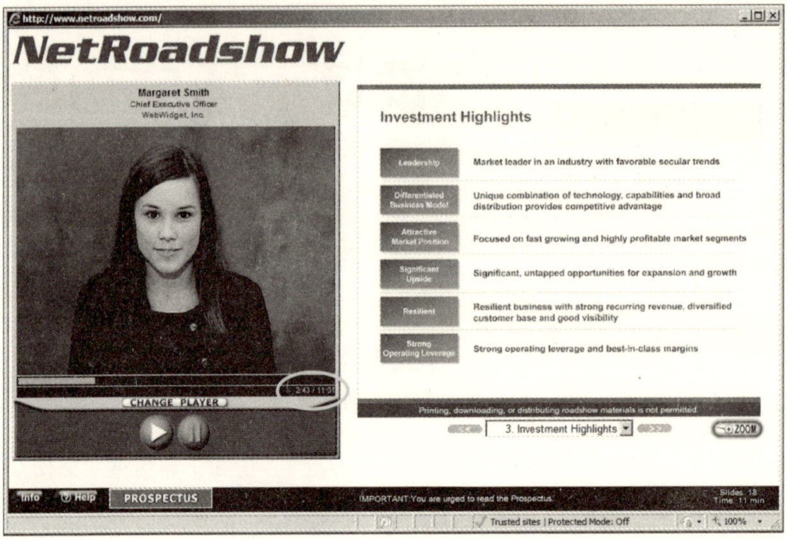

图74-1　网络路演网页

除了网络展示，公司的高层管理团队也会进行为期两个星期的巡回路演，他们在全美大约10多个城市中拜访潜在投资者，每周开差不多30或40次会议，也就是说总共进行了80多场会议——正如你在第27章看到的。之所以要进行这一场劳心劳力的旅程，是因为没有一个投资者会只凭一个演示视频来决定购买高达IPO总额10%的股权（算算看，这可是个价值1500万美元的决定）。投资人希望同高级主管们单独会面，结交并亲眼看一下管理团队，并同他们直接互动。投资人从NetRoadshow网站上的演示中能获得公司的基本信息，但他们仍然希望亲自见一见管理层。因此许多会议都已不再是演示，而是紧凑的问答。会晤管理团队是必需的，而演示的分量也不可忽视。

2.控制路演时间。看图74-1，演讲者图片的正下方有播放时间和整个演示的总时间。每位进入网站的投资人都能提前知道演示进行的时间——而且该网站不能快进。这些投资人的日常工作相当紧张，他们大部分时间都用来做和股权交易有关的瞬时决定，在进入NetRoadshow时，他们还会趁机阅读和发送电子邮件、短信和微博。想想这些，你就会明白这些听众基本都没什么耐心。

尽可能把大多数路演的时间控制在30分钟以内。对于那些路演时间过长以致投资人失去耐心的公司，我们只能为它们感到惋惜了。在这里“寓繁于简”最能说明这个原则的重要性了。

3.演示因人而异。在开始准备股票公开发售之前，大多数公司做的大部分演示都是面向自己的客户的。相对于客户而言，投资人有不同的利益诉求，因此演示必须随之改变。在《魏斯曼的演讲大师课：说的艺术》这本书中的一个IPO路演案例就阐述了这一点：

> 吉姆·比克斯比（Jim Bixby）曾是布鲁克特里公司的CEO。这家公司为电子生产商制造定制的集成电路，后被科胜讯系统公司（Conexant System，Inc.）收购。在准备IPO路演时，吉姆和我一起排练，我扮演富达投资的资产管理经理，决定富达的共同基金是否要对布鲁克特里公司进行投资。
>
> 在介绍产品时，吉姆举着厚厚的一叠手册说：“这是我们的产品目录，这个行业还没有哪家公司的产品种类像我们的这么多。”
>
> 然后他就放下产品手册，开始下一个主题了。就在这时，我举手抛出了一个事关“我”的利益的问题：“你说你

们产品种类多，这和我有什么关系？”几乎未作停顿，吉姆就又举起手册答道：“如此广泛的产品种类，可以确保我们的收益不受订单周期性变化的影响。”

上述案例说明了，要迎合每一个听众的利益诉求。对投资人来讲尤为如此，展示公司能给他们带来的收益。

4.谨慎讨论竞争。任何公司在任何市场都会有竞争对手，并与其进行激烈的竞争——否则市场就毫无价值可言。当投资人关注到某一个市场的价值后，他也可能购买竞争对手的股票。因此在讨论竞争格局时，为了不让投资者紧张，最好不要抨击竞争本身。而应该转而去比较、分析整个竞争格局。

5.重建网页动画。PPT中的动画可起到辅助演示的作用——尽管它被一些演讲者滥用。动画最基本的功能是，让人更容易理解所展示的信息。为确保每个投资人都无须考虑电脑设置就能看到网络演示，NetRoadshow只能播放有限的几种动画。因此，网络演示者可能需要再做一个单独的版本，用额外的新幻灯片来产生原有的动画效果。这样的动画效果可以让听众更容易去理解演示内容。

6.理顺演示结构。IPO路演和任何演示一样，都必须有一个清楚、有逻辑的故事主线。大部分IPO路演的结构都是相同的，原因很简单：要与招股说明书一致。这份精心制作的文件以“商业模式”为核心，并通过下述两部分来阐述：

“行业概况”，也被称为市场机会；“公司解决方案”，也被称为如何利用机会。

我有幸在1990年思科系统上市时给他们做了次路演辅导。下面是从《魏斯曼的演讲大师课1：说的艺术》中节选的他们的故事：

> 思科路演团队从大型主机到个人电脑的转变开始阐述。接下来叙述了局域网（LAN）和广域网（WAN）的快速增长，以及技术领域近来的提高给速度、带宽和运算能力带来的巨大增长。在结束这部分讨论时，他们对从企业计算到远程计算的未来商业转变趋势进行了展望。把所有这些趋势放在一起考虑就形成了一个机会。接下来，他们讨论了名叫路由器的新设备，该设备能够互联所有网络。他们解释了思科是如何制造路由器、如何提供服务、如何通过渠道和战略合作关系出售路由器的，并展示了他们设想的路由器的发展方向。这些因素放在一起，就阐述了思科是如何利用这一机会的。

在如今高速发展、受PPT推动的商业环境中，演讲者经常匆匆拼凑出一套互不相干的幻灯片来进行展示。结果，只有他们自己能懂。花点时间做一份清晰、逻辑性强且易于观众理解的演示文稿吧，那些拼凑的演示稿只会让你出丑。

7.多做实战演练。在第46章中，你读到了美商晶像公司的首席财务官诺兰德·格兰伯里在多次彩排演练后得出的经验。请注意格兰伯里先生是美国人，演讲时说的是母语。实战演练法对他这样的人群更有益处。

再以一家以色列大型技术制造公司为例，我曾给该公司做过IPO

路演培训，并在特拉维夫市外工厂和他们共同工作了几天。但在回美国之前，我要求他们进行实战演练。他们让不同的员工小组进行实战演练，演示地点包括餐厅、小会议室、培训教室和大会议室。当他们路演开始后，我还去旧金山的一个午餐会观看了他们的演示。当天早上他们刚刚在洛杉矶完成了一场演讲，旧金山的大雾导致航班延误了。你可以想象当时会议室里这些脾气暴躁且毫无耐心的投资人的心情。然而这个以色列团队准备得相当充分，他们到达后，立即沉着冷静地进行演示。而且，他们说的是第二语言——英语！实战演练法起作用了！

8.进行团队建设。上述以色列高管团队还从大量的内部员工演示过程中取得了两个额外的收获：

- 员工感觉自己也是公司筹备上市的团队成员之一。
- 员工为讲述公司的故事提供了独到的见解。

也就是说，在你的同事面前排练，会获得更多的建议。

9.语言表述有力。在第11章中，你看到了条件语气削弱了叙事语言，被用来避免表达出具前瞻性的陈述。做路演的高层管理团队花费数月时间参加准备会议，就是为了做出一份招股说明书。在IPO中，这个语气问题显得更为突出。因为通常是由律师牵头准备会议，他们依照职业“精神”起草了一份几乎全由条件语气构成的文件。整个路演也全是那个语气。

值得注意的是，首席执行官和首席财务官们也应把语气转换成陈述语气，相信他们也不会冒险去做那些风险很大的前瞻性展望。但是我会敦促他们——也包括你，用“我们有信心……”这样的句式取代如下这些表达方式：“我们相信”“我们认为”和“我们觉得”。

10.针对每个听众。这里，我要重申第27章中的观点“每次演示都是第一次”的重要性。之所以在这里重申，是因为大多数IPO路演的结果显示，首席执行官和首席财务官——以及大部分演示者，都忽视了这一点。我把这个重申留在最后，是因为在这本书的所有演示技术中，这一条最物超所值。而且，在IPO路演的紧要时刻，按照这条去做，将会花最小的代价获得最大的收益。演示一定要针对听众，否则必将失败。

TIPS

魏斯曼
完美演讲

会晤管理团队是必需的，而演示的分量也不可忽视。演示一定要针对听众，否则必将失败。

第75章

结语：时间无尽，边界无疆

我曾说过，所有成功的演讲都使用了与其他多种沟通方式一样的基本要素。这些基本要素跨越时间与空间，具有普遍的适用性，它们是：

- 怎样组织清晰严谨的内容；
- 怎样设计简单明了的幻灯片；
- 怎样说话充满信心、不失威信；
- 怎样应对挑战性的问题；
- 怎样将上述要素糅合成一场完美的演讲。

我希望我已兑现了自己的承诺。我还承诺，以伟大的古罗马演说家马库斯·图里乌斯·西塞罗的话来总结本书。我从他的短文《论演说家》（*On the Character of the Orator*）中摘录了一段话，用作本书的结束语。因为这段话精练地总结了本书主要的最佳实践法——而他早在两千年前就提出了这些想法：

> 事实上，要做到能言善辩，需要多方面才能，如：博闻强识——若无此才能，语言的流畅只会毫无意义，甚至荒唐可笑；独具风格——风格的形成不仅来自选择，更依赖演讲者的遣词造句；须熟知大自然赋予人类的各种情感，因为演讲者的

全部力量与艺术只有通过安抚或激发观众的情绪才能实现。

此外，更需体现幽默与智慧、自由的文化，做好以简洁言辞应对挑战与发起攻击的准备，同时必须兼具优雅、高贵的举止。还需要熟悉历史，储备好大量实例，切不可只掌握法令法规和民法方面的知识。

我想，我对演讲方式本身无须多加评论。演讲时必须伴以恰当的肢体移动、手势、眼神，以及音调的曲折变化。从无关紧要的演员艺术、舞台流程的角度来看，这些需要注意的地方是非常重要的。所有演员都极度关注他们的身体语言，实际上，现在只有很少几个人——曾经也是，能让我们舒舒服服地看完表演。

我还必须再提一下“记忆”——所有宝贵知识的载体。除非演讲者使用记忆辅助方法来记住他提前深思熟虑、准备好的故事题材和精彩语言，否则不管他的优点有多闪光，都将失去意义。

至此我们了解到，若想能言善辩，须结合多项才能，而每一项才能对成功都至关重要。认识到这一点，我们就无须再执着于伟大的演讲家为何如此之少这一问题了。[1]

译者后记

作为过去10年一直在从事商业演讲辅导和咨询的人，经验告诉我，绝大多数人是比较讨厌做演讲的，仿佛自己站在那里就是在被人审问，或者一群人看着你在台上跳来跳去。其实听众坐在那里可能更烦，而且很多时候他们是被迫的。员工例会、产品演示、新闻发布等，尽管你十分卖力，口沫乱飞，下面的听众还是会止不住地打哈欠，或者在你认为讲到最重要处时手机不合时宜地响起来，又或者听众三三两两起身离席。这样的演讲就是一场悲剧！你可能说也许是因为讲话的人身份不同吧，但是即便是公司的CEO也不能保证在员工大会上让每个人认真聆听，当然除非他要宣布裁员200人。

人们本能地会抵抗一些东西，尤其是当你要强行灌输给他们的时候。如果再隔着一层语言的问题，那形势就变得更加严峻了。每个人都会想：我为什么要坐下来听你在这里唠唠叨叨半个小时甚至更长的时间？而且还要我自己不断地琢磨你到底讲了些什么？

这些问题就好比经典的哲学段子一样："你是谁，从哪儿来，又到哪里去？"看似简单，却常常最难以回答，而我的工作就是帮助客户准确地找到问题的答案。

寻找这些答案需要大量的整理和思考，而翻译完这本书，我得到了很多启迪。

这不是一本大部头的书。事实上，我手边关于如何做好演讲的书至少有二三十本，有些也非常详尽和细致，展示了好多讲演的技术，却总是感觉差点什么。读完这本书，我感觉它就像是演讲领域的《道德经》，每一章都简洁、睿智，总是让人读完之后"回味无穷"。对于演讲这种经验性学科来讲，把握好道和术的结合是非常重要的。中国人常说的一句话是，"道靠悟，术靠练"。演讲之术需要持之以恒地磨炼，而演讲之道，就隐藏在这小小的75章里。

我觉得在今天的中国，尤其是商业环境中，演讲是非常核心也同样非常稀缺的能力之一。我们中国的教育体系中普遍缺乏两门功课，一个叫"批判性思考"（critical thinking），一个叫"公众演讲"（public speaking）。在潜意识里很多人还不太愿意在众人面前去展现自己，他们觉得一无必要，二无方法，三更无信心。而正是这样的稀缺，让我们看到演讲能力反而成了企业的品牌资源，马云、俞敏洪就是很好的例子，他们的精彩演说不仅为企业创造了一次又一次话题，更节省了上亿的公关和宣传成本，最大化地宣传了企业品牌。

传播学的认知平衡论认为，如果公众对一个企业家有好感，也会对该企业的产品和服务有好感，反之亦然。如果公众认为这个企业家呈现的观点具有思想的高度和深度，也会区别对待这个企业。这是一组相辅相成的关系。

从演讲运用的角度看，一位成功的企业家不仅能够讲故事，而且能够将故事的魅力转化成传递思想的利器。卡耐基曾说过："企业家的成功，15%归结于他的专业知识，另外85%要归结于他表达思想、领导他人及唤起他人热情、思考和追随冲动的能力。"

我想再没有人比魏斯曼先生更懂得这句话的意义。他曾经帮助思科在上市路演过程中，利用准确且富有影响力的表达，让投资者理解思科从事的高科技业务以及未来的前景，进而使得思科每股股价上升了2～3美元。他先后辅导了数百家企业在美国各个市场上市过程中的路演环节。这75堂生动的演讲课，就是魏斯曼先生过去几十年咨询辅导经验的浓缩和精华。我们中国人常说"授之以鱼不如授之以渔"，想要在商业的海洋中乘风破浪，渔获满仓，我们得先静下心来认真揣摩老师傅传下来的这些打渔方法。只要你用心体会，一定会豁然开朗，柳暗花明。

在这本书的翻译过程中，我和我的合作伙伴安超得到了很多朋友和客户的支持，在此表示感谢，尤其感谢安燕玲、李秋玲、徐彦、吕佳蔚、商宇、周逸飞等人的帮助。

Enjoy your reading!

EPA 介绍

Executive Presentation Academy 商业演示力研究院，简称 EPA，是提供各类高端商业表现力的研究、咨询和辅导的机构。EPA 专业研究员团队从事商业演示力研究和辅导近 10 年，具有丰富的咨询辅导经验和大量的客户成果，帮助了超过 50 家企业进行商业演讲设计和关键场合演讲辅导。

产品、服务、创意，如果没有把它精彩的演示出来，那么再了不起的产品也会被淹没。没有乔布斯的产品发布会，苹果如何占据半壁江山？仅仅模仿乔布斯永远不可能成为乔布斯。每个商业领导者都有自己的思想、经历和故事；每一个领导人都有自己的演说风格和影响力，EPA 专注于挖掘、定位、整合、设计以及传递企业或领导者的商业思想。

EPA
EXECUTIVE
PRESENTATION
ACADEMY

www.epachina.org

Influence and Influencers

影响有影响力的人

参考文献

考虑到环保的因素，也为了节省纸张、降低图书定价，本书编辑制作了电子版的参考文献。请扫描下方二维码，下载“湛庐阅读”App，搜索“魏斯曼的演讲大师课3”，即可获取参考文献。

未来，属于终身学习者

我这辈子遇到的聪明人（来自各行各业的聪明人）没有不每天阅读的——没有，一个都没有。巴菲特读书之多，我读书之多，可能会让你感到吃惊。孩子们都笑话我。他们觉得我是一本长了两条腿的书。

——查理·芒格

互联网改变了信息连接的方式；指数型技术在迅速颠覆着现有的商业世界；人工智能已经开始抢占人类的工作岗位……

未来，到底需要什么样的人才？

改变命运唯一的策略是你要变成终身学习者。未来世界将不再需要单一的技能型人才，而是需要具备完善的知识结构、极强逻辑思考力和高感知力的复合型人才。优秀的人往往通过阅读建立足够强大的抽象思维能力，获得异于众人的思考和整合能力。未来，将属于终身学习者！而阅读必定和终身学习形影不离。

很多人读书，追求的是干货，寻求的是立刻行之有效的解决方案。其实这是一种留在舒适区的阅读方法。在这个充满不确定性的年代，答案不会简单地出现在书里，因为生活根本就没有标准确切的答案，你也不能期望过去的经验能解决未来的问题。

湛庐阅读App：与最聪明的人共同进化

有人常常把成本支出的焦点放在书价上，把读完一本书当作阅读的终结。其实不然。

时间是读者付出的最大阅读成本

怎么读是读者面临的最大阅读障碍

“读书破万卷”不仅仅在“万”，更重要的是在“破”！

现在，我们构建了全新的“湛庐阅读”App。它将成为你“破万卷”的新居所。在这里：

- 不用考虑读什么，你可以便捷找到纸书、有声书和各种声音产品；
- 你可以学会怎么读，你将发现集泛读、通读、精读于一体的阅读解决方案；
- 你会与作者、译者、专家、推荐人和阅读教练相遇，他们是优质思想的发源地；
- 你会与优秀的读者和终身学习者为伍，他们对阅读和学习有着持久的热情和源源不绝的内驱力。

从单一到复合，从知道到精通，从理解到创造，湛庐希望建立一个“与最聪明的人共同进化”的社区，成为人类先进思想交汇的聚集地，与你共同迎接未来。

与此同时，我们希望能够重新定义你的学习场景，让你随时随地收获有内容、有价值的思想，通过阅读实现终身学习。这是我们的使命和价值。

湛庐阅读App玩转指南

湛庐阅读App结构图：

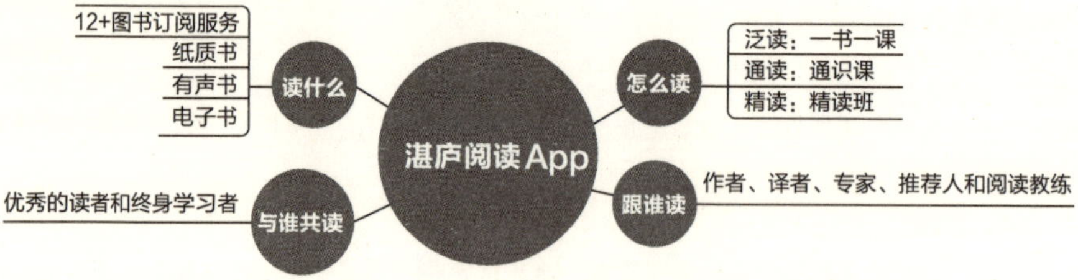

三步玩转湛庐阅读App：

读一读 ▾

湛庐纸书一站买，
全年好书打包订

听一听 ▾

泛读、通读、精读，
选取适合你的阅读方式

扫一扫 ▾

买书、听书、讲书、
拆书服务，一键获取

App获取方式：

安卓用户前往各大应用市场、苹果用户前往App Store
直接下载“湛庐阅读”App，与最聪明的人共同进化！

使用App扫一扫功能，
遇见书里书外更大的世界！

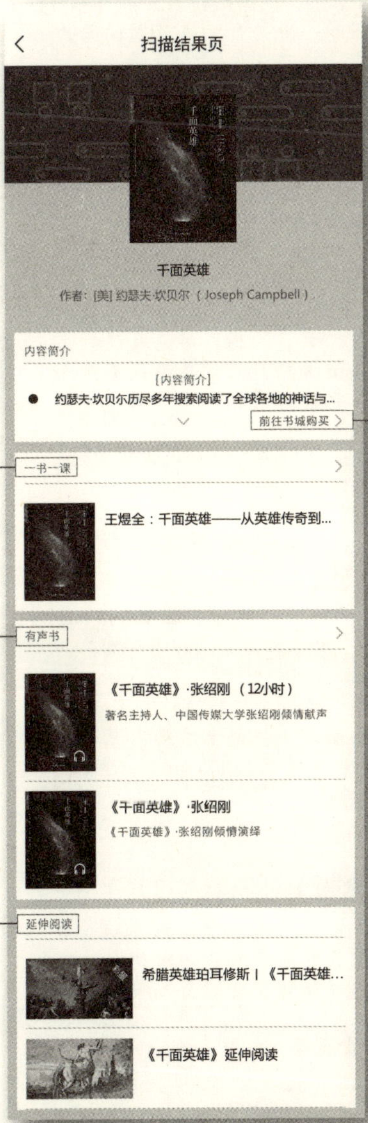

快速了解本书内容，
湛庐千册图书一键购买！

大咖优质课、
献声朗读全本一键了解，
为你读书、讲书、拆书！

你想知道的彩蛋
和本书更多知识、资讯，
尽在延伸阅读！

湛庐CHEERS

延伸阅读

《魏斯曼的演讲大师课 1》

◎ 魏斯曼是享誉世界的商务沟通大师，微软、英特尔、思科、可口可乐、雅虎、杜比实验室等全球知名企业成功上市路演的幕后推手，他的演讲方法经过 500 多家企业成功路演的检验，更是得到李开复的鼎力推荐。

◎ 本书是“魏斯曼的演讲大师课”系列第一册，魏斯曼凭借其堪称雄厚的实战经验，深入浅出地讲述了打造完美演讲所需的关键工具和技巧，是所有人准备商务演讲时的案头书。

使用“湛庐阅读”App，
“扫一扫”获取本书更多精彩内容。
ISBN 978-7-220-11595-0

《魏斯曼的演讲大师课 2》

◎ 本书是“魏斯曼的演讲大师课”系列第二册，以极其丰富的真实案例展现了演讲、沟通、辩论及谈判当中应对挑战性问题的关键技巧，让你在遇到尖锐或者始料未及的提问时保持游刃有余，用巧劲儿化解对方的蛮力。

◎ 雅虎首任 CEO 蒂姆·库格尔、eBay 创始人皮埃尔·奥米迪亚、奈飞创始人里德·哈斯廷斯特别推荐。

使用“湛庐阅读”App，
“扫一扫”获取本书更多精彩内容。
ISBN 978-7-220-11636-0

《Ted 演讲的秘密（经典版）》

◎ 首部全面解析 TED 演讲的重磅力作，分享 TED 组织者和演讲教练杰瑞米·多诺超过 10000 小时演讲训练的成果。

◎ 要在 18 分钟内打动听众，需要具备超强的演讲技巧。本书从内容和技巧两方面入手，揭示演讲内容打动人心的秘密，同时配合65个卓越TED演讲的二维码，打造全新可视化阅读体验。

使用“湛庐阅读”App，
“扫一扫”获取本书更多精彩内容。
ISBN 978-7-220-11456-4

《哈佛经典谈判术（纪念版）》

◎ 哈佛大学商学院教授、管理大师基于其为 IBM、西门子等大型知名机构服务的实践经验写著此书，提出强而有效的谈判策略，让你在看似毫无希望的谈判中扭转乾坤。

◎ 管理大师、畅销书作者史蒂芬·柯维、沃伦·本尼斯鼎力推荐！

使用“湛庐阅读”App，
“扫一扫”获取本书更多精彩内容。
ISBN 978-7-213-06768-6

Authorized translation from the English language edition, entitled WINNING STRATEGIES FOR POWER PRESENTATIONS: JERRY WEISSMAN DELIVERS LESSONS FROM THE WORLD'S BEST PRESENTERS, 1st Edition, ISBN: 0133121070 by Weissman, Jerry, published by Pearson Education, Inc. publishing as FT Press. Copyright © 2013.

图书在版编目（CIP）数据

魏斯曼的演讲大师课. 3，臻于完美的演讲 /（美）杰瑞·魏斯曼著；冯颙，安超译. 一成都：四川人民出版社，2020.6

ISBN 978-7-220-11865-4

Ⅰ. ①魏… Ⅱ. ①杰… ②冯… ③安… Ⅲ. ①演讲－语言艺术 Ⅳ. ①H019

中国版本图书馆CIP数据核字（2020）第075827号

著作权合同登记号

图字：21-2019-461

上架建议：演讲 / 商务沟通

WEISIMAN DE YANJIANG DASHIKE 3: ZHENYU WANMEI DE YANJIANG

魏斯曼的演讲大师课3：臻于完美的演讲

［美］杰瑞·魏斯曼　著

冯颙　安超　译

责任编辑：江　澄　蒋科兰

版式设计：湛庐CHEERS

封面设计：ablackcover.com

四川人民出版社

（成都市槐树街 2 号　610031）

石家庄继文印刷有限公司印刷　新华书店经销

字数 200 千字　710 毫米 ×965 毫米　1/16　印张 17.75

2020 年 6 月第 1 版　2020 年 6 月第 1 次印刷

ISBN　978-7-220-11865-4

定价：62.90 元
